中国国际广播电台主任播音员、原中央人民广播电台主播王浩瑜，为参加普通话水平测试的朋友们倾情奉献

王浩瑜 编著

普通话水平测试攻略

PUTONGHUA *LEVEL TEST*

中国国际广播出版社

序

《跟我说普通话》出版以后受到了专家、学者、媒体和广大读者的热烈欢迎，在《语文周刊》2012 年第六期发表的《普通话教材现状调查研究》中得到好评，并入选了国家新闻出版总署向全国农家书屋推荐的重点出版物目录。但不少读者来信来电希望笔者再出版一本更加通俗易懂、针对性更强、更易于通过普通话水平测试的实用性训练教材。经过反复思考、认真准备，便有了这本普通话水平测试训练方面的书《普通话水平测试攻略》。

根据普通话水平测试的等级标准，针对普通话水平测试的具体内容，本书主要从语音、词汇和语法、朗读、说话四个方面，帮助读者学习和掌握相关知识，并通过大量的具体训练，使普通话水平测试的应试者在测试时争取能够达到语音标准，词汇、语法正确无误，语调自然，表达流畅，顺利通过测试。

另外，在附录部分还将为您提供普通话水平测试三分钟说话范文、普通话水平测试朗读文章训练材料。

怎么样？各位亲爱的读者、普通话应试者，你们准备好了吗？那就让我们一起开始吧。

目录

第一部分　语音

第二部分　词汇和语法

第三部分　朗读

第四部分　说话

前　言

一、普通话与普通话的规范

普通话就是中华人民共和国各民族通用的语言，是以北京语音为标准音，以北方方言为基础方言，以典范的现代白话文著作为语法规范的现代汉民族共同语。

这个定义既是普通话的标准，也是普通话的规范。普通话的规范包括语音、词汇和语法三个部分。

普通话以北京语音为标准音，但并不是每一个字、每一个词都以北京的语音为标准，并不包括北京人口语中的土音以及过多的轻声、儿化现象等。

普通话以北方方言为基础方言，即普通话的词汇标准是以北方话词汇为基础，但并不是北方话中所有的词都可以进入普通话，那些不具有普遍意义、地方性很强的土俗的词语就不是普通话的规范词汇。

普通话以典范的现代白话文著作为语法规范，但并非所有的现代白话文著作都可作为规范，只有大家公认的那些典范的现代白话文著作才可作为规范。

说好普通话必须兼顾语音、词汇、语法三个方面。词汇、语法的学习和规范可以通过书面进行，而语音的学习和规范必须通过实践、必须通过口耳的训练才能实现。

二、方言与普通话的主要差异

由于历史和地理的原因，各地方言与方言之间，各地方言与普通话之间在语音、词汇、语法等方面存在着一定的差异，特别是在语音方面差异较大。

我们学习普通话，应该首先明确自己所属的方言区，弄清方言与普通话之间的差异所在，特别是要搞明白方言与普通话之间语音的差异所在，以便有针对性地纠正方言，提高普通话水平。

1. 北方方言与普通话的主要差异

北方方言又叫北方话，代表话是北京话。北方方言内部一致性比较强，无论是从语音方面，还是词汇和语法方面差别都不太大。总体来说，北方方言在声调上也只有阴平、阳平、上声和去声四个声调，没有入声（太原、南京、合肥等地的方言除外），辅音韵尾也跟普通话一样只有舌尖前鼻音韵尾 n 和舌尖后鼻音韵尾 ng。北方方言在语音方面的另一个主要特点是，没有浊塞音、浊塞擦音声母，这一点也与普通话的声母特点相一致。

北方方言中的北京话，多儿化音，尤其是在发舌尖后音（翘舌音）zh、ch、sh、r 的时候容易将这些声母发得比较靠后，把翘舌音发成了卷舌音。如老北京人常说的口头禅“吃了吗？”就会将 chī（吃）这个翘舌音发成卷舌音，听起来给人一种大舌头的感觉。

东北方言虽然是普通话的基础方言之一，但是在声、韵、调等方面与普通话还是有一定的差异。尤其以声母最为突出，主要表现在：东北方言把普通话的绝大部分翘舌音都容易发成平舌音，而又容易把普通话的平舌音发成翘舌音，这种平翘舌不分的现象，容易引起语音混乱，造成很多歧义，出现交际障碍。例如，把 rén mín（人民）说成 yín mín、zhū ròu（猪肉）说成 zhū yòu。此外，与普通话相比，东北方言常常调值发不到位，听起来平淡、含混，缺乏抑扬顿挫和起伏变化。

北方方言中以陕西话为代表的西北方言，与普通话相比，它的差异主要表现在声调上。陕西方言常常把阴平的 55 调发成 31 调，把阳平的 35 调发成 24 调，把上声的 214 调发成 42 调，把去声的 51 调发成 55 调。韵母部分差异也比较大，例如，常把 mài zi（麦子）说成 mèi zi、hē shuǐ（喝水）说成 huǒ shuì 等。此外，陕西话与普通话相比发音位置稍微靠后，并且鼻音较浓，但比较陕西以外的西北地区其他方言，陕西话的发音位置更加接近普通话（陕北地区除外）。

北方方言分布的地域极其广阔，但内部一致性很高，一般情况下，各地区人们的彼此交流大都能够听得懂，不过听起来还是有很大的不同，这种不同主要表现在各地方言声调的调值差异上。

北方方言部分主要城市的调值差异对照表

调类 / 调值 方言区 / 声调数		平声		上声	去声
		阴平	阳平		
北京	4	55	35	214	51
沈阳	4	33	35	213	41
济南	4	213	42	55	31
郑州	4	13	42	54	31
西安	4	31	24	42	55
成都	4	44	31	53	13
武汉	4	55	313	42	35
银川	3	44		53	24

2. 吴方言与普通话的主要差异

吴方言又叫吴语，代表话是上海话和苏州话。吴方言所在的上海和江浙地区，是我国东部沿海经济最发达的地区。吴方言与普通话在声、韵、调等方面都有较大的差异。

声母部分，吴方言有一整套浊音声母（浊塞音和浊塞擦音），如上海人把 wǒ（我）发成 ngó，ngó 这个音普通话是发不出来的，因为普通话里就没有 ng 这个浊音声母。ng 在普通话里是浊鼻音，只能做韵母。上海人还把 shì（是）发成 sì，把 shàng（上）发成 sàng。在普通话里 s 是清音，但上海话都发成了浊音。吴方言还常常把翘舌音 zh、ch、sh 发成平舌音 z、c、s。

韵母部分，吴方言多把双元音发成单元音，并多后鼻音韵尾 ng，如上海人把 nǐ（你）发成 nóng（侬）。

与普通话相比，吴方言声调较多，有 7—8 个声调，并保留了入声。比如，妻子的妻（qī）在普通话里是 q 与 i 相拼，这里的 i 是长元音，但在上海话中 i 是短促的入声，类似英语中的短元音［i］。

吴方言发音时，声带振动较多，发音位置与普通话相比均较靠前，说话时口腔开度不大，声音清细、委婉，人们常把吴方言称作“软语”。

3. 湘方言与普通话的主要差异

湘方言又叫湘语，代表话是长沙话。湖南方言（湘方言）与普通话在语音方面都有不小的差异，特别是唇齿音 f 和舌根音 h 不分；前鼻音 n 和边音 l 不分。例如：把 hú nán（湖南）发成 fú lán、gōng fèi（公费）发成 gōng huì 等。

4. 赣方言与普通话的主要差异

赣方言又叫赣语，代表话是南昌话。赣方言与普通话在语音方面最大的差异是：声母部分不分送气和不送气，一律变成送气清音。

5. 客家方言与普通话的主要差异

客家方言又叫客家话，代表话是广东梅县话。一般认为，客家方言继承了较多古汉语的特征，与中古汉语之间的承袭关系较为明显，客家方言与普通话在语音方面均有较大的差异。

声母部分，多送气音。客家方言把塞音和塞擦音不分送气和不送气，基本上都发成送气音，如把 kāi bù（开埠）发成 kài pù、zài zuò（在座）发成 zài cuò。客家方言还常常 f、h 不分，如把 féng（冯）发成 hóng。

韵母部分，客家方言没有 u 音，常把 u 音发成 i 音，如把 zǔ sūn（祖孙）发成 zǐ sūn。客家人一般发不好撮口呼，常把撮口呼韵母混入到齐齿呼韵母中去。如把 yú fū（渔夫）发成 yí fu、qiān jūn（千钧）发成 qiān jīn，把袁先生叫成闫先生。客家人还常把 ɑ 音发成 o 音，如把中央的央（yāng）发成中庸的庸（yōng）。

声调上，多数地区有六个声调，少数地区有 5—7 个声调。客家方言的“马”听起来很像普通话的“妈”；客家方言的“妈”听起来很像普通话的“麻”；而客家方言的“麻”听起来很像普通话的“马”。

6. 闽方言与普通话的主要差异

闽方言又叫闽语。闽方言与普通话在语音方面的差异是：闽方言没有唇齿音 f，普通话中凡是以 f 为声母的音节，闽方言一律发成双唇音 b 或 p。普通话中，以舌尖后音 zh 和 ch 为声母的音节，闽方言大多发成舌尖中音

d 或 t。闽方言是汉语中声调比较复杂的方言之一，有 7—8 个声调。

7. 粤方言与普通话的主要差异

粤语与普通话在语音方面有较大的差异。

声母部分：（1）舌尖后音 zh、ch、sh 和舌面音 j、q、x 不分，如常把 zuò shì（做事）发成 zuò xì，把张先生叫成江先生。（2）舌尖前音 z、c、s 不仅也和舌面音 j、q、x 不分，而且还和舌尖后音 zh、ch、sh 相混淆，常把 z、c、s 发成近似的 zh、ch、sh 音。（3）广州人也经常 n、l 不分，如把 wú nài（无奈）发成 wú lài、kùn nán（困难）发成 kùn lán。（4）粤语中没有翘舌音 r，广东和港澳地区的人们在说普通话的时候，常把 r 音发成 i 音，如把 guó rén（国人）发成 guó yín。

韵母部分：粤语韵母多达 53 个，辅音韵尾非常丰富，除普通话鼻音韵尾 n、ng 之外，还有入声，塞韵尾 b、d、g。粤语地区的人们讲普通话时在韵母上表现出来的主要问题有：（1）由于粤语中双唇音 b、p、m，舌尖前音 z、c、s，舌尖中音 d、t、n、l 后面都不跟 u 音，所以，常把 u 音发成 ao 音，如把 bù gào（布告）发成 bào gào。（2）粤语区的人们常把齐齿呼发成开口呼，也就是把 iou 发成 ou，如把 liú（流）发成 lóu，把洪流说成红楼。

声调部分：粤语的声调一般有 8—9 个。粤语区的人们在声调部分的突出问题是上声发不好。很多粤语区的人普通话即使说得已经很好了，但在上声的发音中还会暴露出问题。

北方方言以外的其他六种方言可统称为南方方言。南方方言声调系统比较复杂，声调数目多，调形、调值多样化。

南方方言部分主要城市的调值和调类差异对照表

调类/调值 方言区/声调数		平声		上声		去声		入声	
		阴平	阳平	阴上	阳上	阴去	阳去	阴入	阳入
苏州	7	44	24	52		412	31	55	13
厦门	7	55	24	51		11	33	32	5
广州	9	55	21	35	13	33	22	5	2
南昌	7	42	24	213		45	21	5	21
长沙	6	33	13	41		55	21	24	
梅县	6	44	11	31		52		1	4

三、普通话水平测试

普通话水平测试 (PSC：PUTONGHUA SHUIPING CESHI) 是对应试人运用普通话的规范程度的口语考试。全部测试内容均以口头方式进行。普通话水平等级分为三级六等，即一、二、三级，每个级别再分出甲乙两个等次；一级甲等为最高，三级乙等为最低。普通话水平测试不是口才的评定，而是对应试人掌握和运用普通话所达到的规范程度的测查和评定，是应试人的汉语标准语测试。应试人在运用普通话口语进行表达过程中所表现的语音、词汇、语法规范程度，是评定其所达到的水平等级的重要依据。

普通话水平测试主要通过以下四种形式来体现，即普通话水平测试试卷由四个测试项构成，总分为 100 分。

（1）读单音节字词 100 个，限时 3 分 50 秒，占 10 分。目的是考查应试人普通话声母、韵母和声调的发音。

（2）读双音节词语 50 个，限时 2 分 50 秒，占 20 分。目的是除考查应试人声、韵、调的发音外，还要考查上声变调、儿化韵和轻声的读音。

（3）400字短文朗读，限时4分钟，占30分。目的是考查应试人使用普通话朗读书面材料的能力，重点考查语音、语流音变、语调等。

（4）说话，时间3分钟，占40分。目的是考查应试人在无文字凭借的情况下说普通话所达到的规范程度。

普通话水平测试等级标准如下：

一级

甲等　朗读和自由交谈时，语音标准，词汇、语法正确无误，语调自然，表达流畅。测试总失分率在3%以内。

乙等　朗读和自由交谈时，语音标准，词汇、语法正确无误，语调自然，表达流畅。偶有字音、字调失误。测试总失分率在8%以内。

二级

甲等　朗读和自由交谈时，声韵调发音基本标准，语调自然，表达流畅。少数难点音（平翘舌音、前后鼻尾音、边鼻音等）有时出现失误。词汇、语法极少有误。测试总失分率在13%以内。

乙等　朗读和自由交谈时，个别调值不准，声韵母发音有不到位现象。难点音较多（平翘舌音、前后鼻尾音、边鼻音、fu-hu、z-zh-j、送气不送气、i-ü不分、保留浊塞音、浊塞擦音、丢介音、复韵母单音化等），失误较多。方言语调不明显，有使用方言词、方言语法的情况。测试总失分率在20%以内。

三级

甲等　朗读和自由交谈时，声韵调发音失误较多，难点音超出常见范围，声调调值多不准。方言语调明显。词汇、语法有失误。测试总失分率在30%以内。

乙等　朗读和自由交谈时，声韵调发音失误多，方言特征突出。方言语调明显。词汇、语法失误较多。外地人听其谈话有听不懂的情况。测试总失分率在40%以内。

从中我们可以看出，语音、词汇、语法是普通话水平测试的重要内容，并且都需要通过口语来体现。所以，要想顺利通过普通话水平测试，首先要语音标准，词汇、语法规范，另外还要语调自然，表达流畅。

第一部分　语音

普通话语音的准确与标准是说好普通话的关键与秘籍，语音是普通话学习和测试的最核心内容。

第一章 普通话语音概述

语言是人类交际的工具。语音是语言的本质，是语言的声音形式。

在普通话的语音系统中，语音最小单位是音素。语音音素可以根据发音特征分为两类，一类是元音，也称作母音；一类是辅音，也称作子音。普通话有 32 个音素，其中 10 个元音音素，22 个辅音音素，它们在音节中担任着不同的角色，发挥着不同的作用。发好元音和辅音是我们说好普通话的基础。

我国的语言学家根据传统的分析方法，把汉语字音即音节分成声母、韵母、声调三个部分。一个汉字起头的音称作声母，后面的部分称作韵母，汉字的音高称作声调。

一、普通话语音的基本概念

音节：用听觉可以区分的语音结构基本单位。

音素：语音的最小单位。

音系：语音系统的简称。普通话语音系统主要包括声母、韵母、声调、音节以及轻声儿化、语流音变等。

音位：把语音归纳为数目有限的具有辨义作用的语音单位。

舌位：发元音时，舌面隆起最高点，即最接近上腭的一点。

元音：音素的一种。发音时，气流在口腔中不受明显阻碍，呼出气流较弱，发音器官肌肉均衡紧张，声带颤动，声音响亮、清晰，都是乐音。

单元音：在发音过程中音质始终不变的元音。

特殊元音：汉语普通话语音中所包括的特有的以舌尖运动或卷舌动作形成的元音音素。它包括舌尖元音和卷舌元音。舌尖元音又包括舌尖前元音［ɿ］和舌尖后元音［ʅ］。普通话中卷舌元音只有一个音素［ɚ］。

复合音：两个或三个元音音素组成的音组，或单元音、复合元音后面附带鼻尾音组成的音组。

辅音：音素的一种。发音时，气流在口腔中明显受到阻碍，呼出气流较强，发音器官对气流构成阻碍的部分肌肉紧张，大部分辅音发音时声带不颤动。

声母：按汉语语音学的传统分析方法，把一个汉语音节起头的辅音叫做声母。普通话中有 21 个声母。

零声母：按汉语语音学的传统分析方法，把汉语音节中没有辅音的声母叫零声母。

韵母：按汉语语音学的传统分析方法，把汉语音节中声母以后的部分叫韵母。普通话中有 39 个韵母。

四呼：按汉语语音学的传统分析方法，根据韵母起头元音的唇形特点将韵母分为开口呼、齐齿呼、合口呼、撮口呼四类。

声调：汉语音节所固有的，可区别意义的声音的高低和升降。

调类：声调的种类。普通话有四个声调，即阴平、阳平、上声和去声。

调值：声调的时值，也叫调形，指声音高低、升降、曲直、长短的形式。

语流音变：在语流中由于受到相邻音节音素的影响，一些音节中的声母、韵母、声调会发生语音的变化，我们称之为语流音变。

轻声：普通话中，每个音节都有它的声调，可是在句子里有些音节常常失去了原有的声调而念成较轻、较短的调子，叫轻声。

儿化：儿化又称儿化韵，是普通话和某些汉语方言中的一种语音现象，即词的后缀“儿”字不自成音节，而同前面的音节合在一起，使前一音节的韵母成为卷舌韵母。

语调：语调是人们在语流中用抑扬顿挫来表情达意的所有语音形式的总和。通俗地说，就是说话时语音高低轻重配置而形成的腔调，也指说话时的语气和停顿。

语音是语言的声音形式，标准的普通话是以标准的汉语普通话语音为基础的。语音不仅仅决定着说话的规范、准确，也是我们的语言是否优美、是否具有表现力、感染力的基础。

二、普通话语音的特点

世界上每一种语言的语音都有自身的特点，普通话也不例外。汉语普通话在语音方面的特点是简单、清脆、响亮、高扬，具有较强的表达力和表现力。主要表现在：

（1）简单、清楚，音节结构形式较少。

（2）音节中元音占优势，清声母多，听觉感觉清脆、响亮。

（3）声调系统比较简单，但变化鲜明，有区别词义的作用。四个声调的调值高音成分多，低音成分少，语音清亮、高扬，且具有高低抑扬的音乐色彩。

（4）音节之间区分鲜明，不能连读（儿化音除外），语音具有节奏感。

（5）词汇的双音节化，词的轻重格式的区分以及轻声、儿化的使用，使语言表达作用更加准确、丰富。

第二章 普通话声母辅音训练

普通话语音中的声母是音节的开头部分，由辅音充当。普通话22个辅音中，有21个可充当声母。辅音的特点是发音过程短（擦音除外）、声音弱、不响亮，很容易产生“吃字”的现象。许多人发辅音时都会出现发音位置不准确，发音不清晰的问题。所以，我们应该认真了解和学习辅音的发音，发现自己发辅音的问题，找到正确的发辅音方法。“咬得准、发得清”应是我们要达到的目的。

一、辅音及其发音特点

1. 什么是辅音

辅音是音素的一类，在普通话音节中既充当声母，也和一些元音组合成鼻韵母。

2. 辅音的特点

辅音最大的特点是，辅音不是通行无阻地发出来的，而是在各个不同的部位遇到某种障碍物的阻碍，冲破或利用障碍物的阻碍才能发出的音。比如，在发b、p、m这三个音的时候，气流在上下唇间受到阻碍，当阻碍物（双唇）被气流冲破时，b、p、m便被发出来了。在发f时，则是气流受到上齿和下唇的阻碍，当气流冲破唇齿的阻碍时，f 就发出来了。而在发 n 时，则是使舌尖和上齿龈（牙床）轻轻接触，当气流通过，将舌尖与上牙床分开时，便可发出 n，还有 d、t、l。另外，辅音的气流较强，因为较强的气流，才能造成辅音的音响。辅音在发音时声带一般不颤动，声音不响亮。只有 m、n、l、r、ng 5 个浊辅音颤动声带，声音响亮，这 5 个浊辅音有乐音成分。其他 17 个清辅音 b、p、f、d、t、g、k、h、j、q、x、zh、ch、sh、z、c、s 都是噪音。

汉语普通话声母都是由辅音充当的，所以它的特点与辅音相同。

二、辅音的发音部位、发音方法和发音过程

1. 发音部位

发辅音时，口腔对呼出气流构成阻碍的部位。普通话中 22 个辅音音素的发音部位共有 7 处：双唇阻、唇齿阻、舌尖前阻、舌尖中阻、舌尖后阻、舌面阻、舌根阻。辅音主要就是由唇、齿、舌构成阻碍的。

2. 发音方法

发辅音时，呼出气流破除发音部位所构成阻碍的方法。发音方法可分为 5 种：塞音、擦音、塞擦音、鼻音和边音。

普通话辅音按发音部位、发音方法以及送气与否、清浊的区分可以列为以下的辅音发音要领表：

发音部位 发音方法		不送气	送气	鼻音（浊）	擦音（清）	边音（浊）
双唇阻	塞音（清）	b	p	m		
唇齿阻					f	
舌尖中阻		d	t	n		l
舌根阻		g	k	ng	h	
舌面阻	塞擦音（清）	j	q		x	
舌尖后阻		zh	ch		sh	r（浊）
舌尖前阻		z	c		s	

也可以用下列表格形式来表示：

发音部位 发音方法		双唇阻	唇齿阻	舌尖前阻	舌尖中阻	舌尖后阻	舌面阻	舌根阻
		上唇 下唇	上齿 下唇	舌尖 上门齿背	舌尖 上门齿龈	舌尖 前硬腭	舌面 硬腭前部	舌根硬软 腭交界处
塞音	不送气	b[p]			d[t]			g[k]
	送气	p[pʻ]			t[tʻ]			k[kʻ]
塞擦音	不送气			z[ts]		zh[tʂ]	j[tɕ]	
	送气			c[tsʻ]		ch[tʂʻ]	q[tɕʻ]	
擦音	清音		f[f]	s[s]		sh[ʂ]	x[ɕ]	h[x]
	浊音					r[ʐ]		
鼻音	浊音	m[m]			n[n]			ng[ŋ]
边音	浊音				l[l]			

注：[　] 内为国际音标。

3. 辅音发音过程

一般可以把辅音的发音归纳为 3 个阶段，即成阻、持阻和除阻。

成阻：构成阻碍。发音器官的相应部位由静止到形成障碍的发音状态。

持阻：准备发音，是准备发音状态的持续。要蓄积足够的气流，要求有控制，有一定力度。

除阻：冲破阻碍，发出声音。除阻时，要干脆利落，弹吐有力。

三、声母的发音部位和发音方法

普通话的声母共有 21 个，均由辅音充当，我们可以根据辅音的发音部位和发音方法来了解和掌握声母的发音部位和发音方法。

1. 普通话声母按发音部位可分为 7 个部位

（1）双唇音：上唇与下唇闭合构成阻碍。普通话有 3 个双唇音：b、p、m。

（2）唇齿音：上门齿与下唇构成阻碍。普通话只有一个唇齿音：f。

（3）舌尖前音（平舌音）：舌尖与上门齿背接触或接近构成阻碍。普通话有 3 个舌尖前音：z、c、s。

（4）舌尖中音：舌尖与上门齿龈（上牙床）构成阻碍。普通话有 4 个舌尖中音：d、t、n、l。

（5）舌尖后音（翘舌音）：舌尖与前硬腭构成阻碍。普通话有 4 个舌尖后音：zh、ch、sh、r。

（6）舌面音：舌面前部与硬腭前部构成阻碍。普通话有 3 个舌面音：j、q、x。

（7）舌根音：舌根与硬腭软腭交界处构成阻碍。普通话有 3 个舌根音：g、k、h。

2. 普通话声母按发音方法可分为 5 种方法

（1）塞音：成阻时，发音部位两点紧闭；持阻时，保持阻碍，呼出气流，蓄在成阻部位之后，引而待发；除阻时，成阻部位突然打开，气流呼出，因爆发、破裂而成声。普通话有 6 个塞音声母：b、p、d、t、g、k。

（2）擦音：成阻时，发音部位两点相接近，接触但不紧密，中间留有狭窄小缝隙；持阻时，呼出气流由发音部位两点间的缝隙挤过，摩擦成声；除阻时，摩擦音已结束。普通话有 6 个擦音声母：f、h、x、s、sh、r。

（3）塞擦音：成阻至持阻前段，状态与塞音相同。持阻的后段即变为擦音的成阻，发音部位两点接近，留有缝隙，使呼出的气流挤过、摩擦发出擦音，至除阻发音结束。普通话有 6 个塞擦音声母：j、q、zh、ch、z、c。

（4）鼻音：成阻时，发音部位两点紧闭，口腔气流通过；持阻时，声母颤动，软腭下垂，鼻腔通路打开，声波与呼出气流经口腔转入鼻腔，口腔与鼻腔产生双重共鸣作用，气流由鼻孔透出，形成鼻音；除阻时，打开口腔通路，发音结束。普通话有 2 个鼻音声母：m、n。

（5）边音：成阻时，发音部位两点即舌尖抬起与上门齿龈后部接触，舌头的两边留有空隙；持阻时，声带颤动，呼出气流与声波由舌前部两边通过后由口透出，发出边音；除阻时，发音部位两点分开，发音结束。普通话有 1 个边音声母：l。

普通话的辅音声母还有“送气音”与“不送气音”、“清音”与“浊音”的区别。

普通话只有塞音和塞擦音区分送气音和不送气音。

送气音：这类辅音发音时气流送出比较快和明显，由于除阻后声门大开，流速较快，在声门以及声门以上的某个狭窄部位造成摩擦，形成送气音。普通话有 6 个送气音：p、t、k、q、ch、c。

不送气音：指发音时，没有送气音特征，又同送气音形成对立的音。普通话有 6 个不送气音：b、d、g、j、zh、z。

普通话有 4 个浊辅音声母：m、n、l、r。普通话除了 4 个浊辅音声母外，其余辅音声母都是清音。

四、普通话声母的发音要领

b [p]

双唇不送气清塞音（双唇音）

双唇闭合的同时软腭上声，关闭鼻腔通路，气流到达双唇后蓄气，使气息停留在闭合的双唇后面，凭借积蓄在口腔中的气流突然打开双唇，发出声音。

p [p‘]

双唇送气清塞音（双唇音）

p 的发音与 b 的发音基本相同，区别在于 p 音在最后要发出时，声门开启，从肺部呼出一股较强气流，用力冲破双唇，发出声音。

m [m]

双唇浊鼻音（双唇音）

双唇闭合，软腭下垂，打开鼻腔通路，声带振动，气流同时到达口腔和鼻腔，在口腔的双唇后面受到阻碍，气流由鼻孔出来，发出声音。

f [f]

唇齿清擦音（唇齿音）

下唇向上门齿靠拢，形成间隙，同时软腭上升关闭鼻腔通路，使气流从唇齿之间形成的间隙中摩擦通过，发出声音。

d [t]

舌尖中不送气清塞音（舌尖中音）

舌尖抵住上齿龈，形成阻塞，软腭上升，关闭鼻腔通路，气流到达口腔后蓄气，突然解除阻塞，发出声音。

t [t‘]

舌尖中送气清塞音（舌尖中音）

t 的发音过程与 d 基本相同，区别是在最后解除阻碍发出声音时，声门开启，从肺部呼出一股较强的气流。

n [n]

舌尖中浊鼻音（舌尖中音）

舌尖抵住上齿龈，形成阻塞，软腭下垂，打开鼻腔通路，声带振动，气流同时到达口腔和鼻腔，在口腔受到阻碍，使气流从鼻腔透出，发出声音。

l [l]

舌尖中浊边音（舌尖中音）

舌尖抵住上齿龈的后部，阻塞气流从口腔中路通过的通道，软腭上升，关闭鼻腔通路，声带振动，使气流从舌头跟两颊内侧形成的空隙中通过，发出声音。

g [k]

舌面后不送气清塞音（舌根音）

舌面后部隆起，抵住硬腭和软腭的交界处，形成阻塞，软腭上升，关闭鼻腔通路，气流在形成阻塞的部位后面积蓄，突然解除阻塞而发出声音。

k [k‘]

舌面后送气清塞音（舌根音）

k 的发音过程和方法与 g 基本相同，不同的是在最后解除阻碍发出声音时，声门开启，从肺部呼出一股较强的气流。

h [x]

舌面后清擦音（舌根音）

舌面后部隆起，接近硬腭和软腭的交界处，形成间隙，软腭上升，关闭鼻腔通路，使气流从形成的间隙中摩擦通过，发出声音。

j [tɕ]

舌面前不送气清塞擦音（舌面音）

舌尖抵住下门齿背，使舌面前部紧贴硬腭前部，软腭上升，关闭鼻腔通路，在阻塞的部位后面积蓄气流，突然解除阻塞时，在形成阻塞的部位之间保持适度的间隙，使气流从间隙中透出，发出声音。

q [tɕ‘]

舌面前送气清塞擦音（舌面音）

q 与 j 的发音基本相同，不同的是当舌面前部与硬腭前部分离，并形成适度间隙的时候，声门开启，从肺部呼出一股较强的气流，发出声音。

x [ɕ]

舌面前清擦音（舌面音）

舌尖抵住下齿背，使舌面前部接近硬腭前部，形成适度的间隙，气流从空隙摩擦通过，发出声音。

zh [tʂ]

舌尖后不送气清塞擦音（舌尖后音）

舌头前部上举，抵住硬腭前部，同时软腭上升，关闭鼻腔通路，在形成阻塞的部位后面积蓄气流，突然解除阻塞时在形成阻塞的部位之间保持适度的间隙，使气流从间隙透出，发出声音。

ch [tʂʻ]

舌尖后送气清塞擦音（舌尖后音）

ch 与 zh 的发音基本相同，不同的是在突然解除阻碍发出声音时，声门开启，从肺部呼出一股较强的气流。

sh [ʂ]

舌尖后清擦音（舌尖后音）

舌头前部上举，接近硬腭前端，形成适度的间隙，同时软腭上升，关闭鼻腔通路，使气流从间隙摩擦通过，发出声音。

r [ʐ]

舌尖后浊擦音（舌尖后音）

r 的发音位置与 sh 基本相同，不同的是声带振动，摩擦轻微。

z [ts]

舌尖前不送气清塞擦音（舌尖前音）

舌尖抵住上门齿背，形成阻塞，在阻塞的部位后积蓄气流，同时软腭上升，关闭鼻腔通路，突然解除阻塞时，在形成阻塞的部位之间保持适度的间隙，使气流从间隙透出，发出声音。

c [ts‘]

舌尖前送气清塞擦音（舌尖前音）

c 的发音与 z 基本相同，不同的是在突然解除阻塞时，声门开启，从肺部呼出一股较强的气流。

s [s]

舌尖前清擦音（舌尖前音）

舌尖接近上门齿背，形成间隙，同时软腭上升，关闭鼻腔通路，使气流从间隙中摩擦通过，发出声音。

五、普通话声母发音中常遇到的问题及解决办法

1. 双唇音 b、p、m

问题

我们在发双唇音的时候，一般不会发生发音部位的错误，但通常会有双唇无力、口腔松软的问题。有的人讲话时习惯咧嘴角，咧嘴角就会影响口腔开度，同时力量也会分散，结果是双唇的爆发力必然减弱，字音的清晰度下降。

解决办法

唇部收紧，接触有力，小腹要有控制，气流集中。力量主要集中在双唇中部，这样声音易于集中。发这三个音需要注意的是，双唇音后面带的是圆唇韵母 o，而不是 e。例如，有的人就把 guǎng bō（广播）的 bō 读成 bē。

发音训练

b

单音节：

北（běi）　博（bó）　包（bāo）　背（bèi）
办（bàn）　播（bō）　班（bān）　部（bù）
把（bǎ）　标（biāo）

双音节：

被捕（bèi bǔ）　北部（běi bù）　背部（bèi bù）
颁布（bān bù）　半步（bàn bù）　斑驳（bān bó）
不变（bú biàn）　必备（bì bèi）　辨别（biàn bié）

四音节：

不依不饶（bù yī bù ráo）
兵不厌诈（bīng bú yàn zhà）
自我标榜（zì wǒ biāo bǎng）
不言不语（bù yán bù yǔ）
不知不觉（bù zhī bù jué）
半斤八两（bàn jīn bā liǎng）

绕口令：

八百标兵奔北坡，炮兵并排北边跑。

炮兵怕把标兵碰，标兵怕碰炮兵炮。

---

p

单音节：

评（píng） 篇（piān） 破（pò） 剖（pōu）

牌（pái） 胖（pàng） 碰（pèng） 怕（pà）

趴（pā） 批（pī）

双音节：

乒乓（pīng pāng） 品牌（pǐn pái）

批评（pī píng） 匹配（pǐ pèi）

翩翩（piān piān） 皮袍（pí páo）

枇杷（pí pa） 噼啪（pī pā）

婆婆（pó po）

四音节：

怕疼怕痒（pà téng pà yǎng）

疲于奔命（pí yú bēn mìng）

披星戴月（pī xīng dài yuè）

披荆斩棘（pī jīng zhǎn jí）

普天同庆（pǔ tiān tóng qìng）

品头论足（pǐn tóu lùn zú）

绕口令：

碰碰车，车碰碰，坐着朋朋和平平。

平平开车碰朋朋，朋朋开车碰平平。
不是平平碰朋朋，就是朋朋碰平平。

m

单音节：

忙（máng） 名（míng） 没（méi） 米（mǐ）
缪（miù） 门（mén） 梦（mèng） 满（mǎn）
敏（mǐn） 妈（mā）

双音节：

命名（mìng míng） 美妙（měi miào）
密码（mì mǎ） 妹妹（mèi mei）
买卖（mǎi mài） 默默（mò mò）
秘密（mì mì） 磨灭（mó miè）
满目（mǎn mù）

四音节：

盲人摸象（máng rén mō xiàng）
眉清目秀（méi qīng mù xiù）
没完没了（méi wán méi liǎo）
美轮美奂（měi lún měi huàn）
闷闷不乐（mèn mèn bú lè）
明媒正娶（míng méi zhèng qǔ）

绕口令：

白庙外蹲着一只白猫，白庙里有一顶白帽。白庙外的白猫看见了白帽，叼着白庙里的白帽跑出了白庙。

2. 唇齿音 f

问题

发唇齿音 f 的时候，上齿咬住下唇发音，笨拙、吃力，不讨好。

解决办法

上齿要与下唇自然接触，成阻面积不要过大，同时要注意节制气流。

发音训练

f

单音节：

飞（fēi） 方（fāng） 风（fēng） 房（fáng）
冯（féng） 凡（fán） 费（fèi） 服（fú）
发（fā） 分（fēn）

双音节：

方法（fāng fǎ） 丰富（fēng fù）
仿佛（fǎng fú） 防范（fáng fàn）
反复（fǎn fù） 付费（fù fèi）
夫妇（fū fù） 非法（fēi fǎ）
肺腑（fèi fǔ）

四音节：

繁荣富强（fán róng fù qiáng）

丰衣足食（fēng yī zú shí）

肺腑之言（fèi fǔ zhī yán）

奋不顾身（fèn bú gù shēn）

丰富多彩（fēng fù duō cǎi）

翻天覆地（fān tiān fù dì）

绕口令：

粉红墙上画凤凰，凤凰画在粉红墙。

红凤凰、粉凤凰，红粉凤凰、花凤凰。

3. 舌尖中音 d、t、n、l

问题

在发 d、t、n、l 时，舌尖缺乏力度，没有弹性，使整个字音松散，失去准确性。

解决办法

让舌头灵活有力地弹动上齿龈，训练舌的弹卷力，特别是注意训练舌尖的力量。n、l 这两个音不少人都不会分辨，他们的区别主要是：l 在发音时，舌尖要抵住上齿龈的后部，比 n 要稍后一些，气息由舌的两边出来，而 n 是鼻孔出气。发音时要抓住这个区分的要点。

发音训练

d

单音节：

的（de） 到（dào） 都（dōu） 对（duì）

大（dà） 得（dé） 度（dù） 第（dì）

电（diàn） 灯（dēng）

双音节：

调动（diào dòng） 订单（dìng dān）

导弹（dǎo dàn） 得到（dé dào）

地点（dì diǎn） 等待（děng dài）

道德（dào dé） 单独（dān dú）

点滴（diǎn dī）

四音节：

大开眼界（dà kāi yǎn jiè）

大展宏图（dà zhǎn hóng tú）

大彻大悟（dà chè dà wù）

打道回府（dǎ dào huí fǔ）

大材小用（dà cái xiǎo yòng）

多才多艺（duō cái duō yì）

绕口令：

调到敌岛打特盗，特盗太刁投短刀。

挡推顶打短刀掉，踏盗得刀盗打倒。

---

t

单音节：

同（tóng） 通（tōng） 图（tú） 太（tài）
听（tīng） 天（tiān） 弹（tán） 他（tā）
特（tè） 跳（tiào）

双音节：

疼痛（téng tòng） 甜头（tián tou）
天坛（tiān tán） 体贴（tǐ tiē）
探讨（tàn tǎo） 团体（tuán tǐ）
天堂（tiān táng） 贴图（tiē tú）
推脱（tuī tuō）

四音节：

同甘共苦（tóng gān gòng kǔ）
突如其来（tū rú qí lái）
推波助澜（tuī bō zhù lán）
通宵达旦（tōng xiāo dá dàn）
同舟共济（tóng zhōu gòng jì）
谈天说地（tán tiān shuō dì）

绕口令：

白石塔，白石搭，白石搭白塔，白塔白石搭。
搭好白石塔，白塔白又大。

---

n

单音节：

鸟（niǎo） 年（nián） 能（néng） 女（nǚ）
内（nèi） 牛（niú） 奶（nǎi） 男（nán）
闹（nào） 拿（ná）

双音节：

奶奶（nǎi nai） 袅袅（niǎo niǎo）
牛奶（niú nǎi） 恼怒（nǎo nù）
妞妞（niū niu） 能耐（néng nài）
妮妮（nī ni） 拿捏（ná niē）
农奴（nóng nú）

四音节：

能言善辩（néng yán shàn biàn）
浓墨重彩（nóng mò zhòng cǎi）
蹑手蹑脚（niè shǒu niè jiǎo）
难解难分（nán jiě nán fēn）
难兄难弟（nàn xiōng nàn dì）
扭扭捏捏（niǔ niǔ niē niē）

绕口令：

学习就怕满、懒、难。心里有了满、懒、难，学习就会有困难。心里丢掉满、懒、难，永不自满永向前。

单音节：

两（liǎng）　了（liǎo）　来（lái）　里（lǐ）
楼（lóu）　龙（lóng）　刘（liú）　林（lín）
路（lù）　老（lǎo）

双音节：

玲珑（líng lóng）　琉璃（liú lí）
力量（lì liang）　联络（lián luò）
嘹亮（liáo liàng）　利率（lì lǜ）
浏览（liú lǎn）　流量（liú liàng）
老练（lǎo liàn）

四音节：

流连忘返（liú lián wàng fǎn）
狼吞虎咽（láng tūn hǔ yàn）
礼尚往来（lǐ shàng wǎng lái）
老马识途（lǎo mǎ shí tú）
力挽狂澜（lì wǎn kuáng lán）
愣头愣脑（lèng tóu lèng nǎo）

绕口令：

六十六岁的陆老头，盖了六十六间楼，买了六十六篓油，养了六十六头牛，栽了六十六棵垂杨柳。六十六篓油，堆在六十六间楼；六十六头牛，扣在六十六棵垂杨柳。忽然一阵狂风起，吹倒了六十六间楼，翻倒了六十六篓油，折断了六十六棵垂杨柳，砸死了六十六头牛，急煞了六十六岁的陆老头。

4. 舌尖前音 z、c、s

问题

这组音也是最容易产生问题的一组音，主要问题是：

（1）在发 z、c、s 时，舌尖没有与上齿背成阻，跑到两齿中间去了，造成说话“大舌头”现象。

（2）舌的前半部分整个都贴住上齿背，造成舌中部无力，接触面过大，力量不集中。

解决办法

首先是接触部位要准确，是舌尖与上齿背成阻，而不是舌前部整个贴在上齿背上；其次是成阻面要小，力量要集中。特别是要避免舌尖伸到两齿中间造成齿间音。

发音训练

Z

单音节：

在（zài） 暂（zàn） 做（zuò） 总（zǒng）
最（zuì） 走（zǒu） 赠（zèng） 怎（zěn）
贼（zéi） 杂（zá）

双音节：

作者（zuò zhě）　组织（zǔ zhī）

制作（zhì zuò）　转载（zhuǎn zǎi）

赞助（zàn zhù）　自助（zì zhù）

制造（zhì zào）　杂志（zá zhì）

栽赃（zāi zāng）

四音节：

自作主张（zì zuò zhǔ zhāng）

自得其乐（zì dé qí lè）

责无旁贷（zé wú páng dài）

左右为难（zuǒ yòu wéi nán）

字里行间（zì lǐ háng jiān）

载歌载舞（zài gē zài wǔ）

绕口令：

早晨早早起，早起做早操。

人人做早操，做操身体好。

C

单音节：

才（cái）　从（cóng）　曾（céng）　词（cí）

次（cì）　凑（còu）　村（cūn）　错（cuò）

彩（cǎi）　册（cè）

双音节：

层次（céng cì）　从此（cóng cǐ）

猜测（cāi cè）　　曹操（cáo cāo）
催促（cuī cù）　　参差（cēn cī）
粗糙（cū cāo）　　摧残（cuī cán）
璀璨（cuǐ càn）

四音节：
沧海桑田（cāng hǎi sāng tián）
藏龙卧虎（cáng lóng wò hǔ）
此起彼伏（cǐ qǐ bǐ fú）
寸步难行（cùn bù nán xíng）
惨不忍睹（cǎn bù rěn dǔ）
层出不穷（céng chū bù qióng）

绕口令：
镇江路、镇江醋，镇江名醋出此处，此处买错醋，老崔买醋太疏忽，匆匆促促买错醋，买了错醋味不足。

S

单音节：
宋（sòng）　三（sān）　森（sēn）　算（suàn）
苏（sū）　岁（suì）　孙（sūn）　色（sè）
死（sǐ）　四（sì）

双音节：
损伤（sǔn shāng）　　搜索（sōu suǒ）
宿舍（sù shè）　　诉说（sù shuō）

诉讼（sù sòng）　　赛事（sài shì）

思索（sī suǒ）　　四十（sì shí）

色素（sè sù）

四音节：

随心所欲（suí xīn suǒ yù）

四平八稳（sì píng bā wěn）

肃然起敬（sù rán qǐ jìng）

四面楚歌（sì miàn chǔ gē）

损兵折将（sǔn bīng zhé jiàng）

瑟瑟发抖（sè sè fā dǒu）

绕口令：

四是四，十是十，十四是十四，四十是四十。莫把四字说成十，休将十字说成四。若要分清四十和十四，经常练说十和四。

5. 舌尖后音 zh、ch、sh、r

问题

在发 zh、ch、sh、r 这四个音时，有些人对舌尖后音的发音部位掌握不准，容易和舌尖前音相混。还有的是将这组声母发得比较靠后，把翘舌音发成了卷舌音。

解决办法

如果是发音偏前，舌尖应尽量往后移，顶住硬腭，口腔打开一些。如果把翘舌音发成了卷舌音，就要练习舌尖翘起这个动作。方法是：对准镜子张开嘴，把卷舌的动作前伸，接近于伸平，目标是上齿龈后部，反复练习多次，就会达到翘舌的目的了。

发音训练

zh

单音节：

张（zhāng） 中（zhōng） 正（zhèng）
周（zhōu） 这（zhè） 种（zhǒng）
真（zhēn） 至（zhì） 值（zhí）
者（zhě）

双音节：

真正（zhēn zhèng） 这种（zhè zhǒng）
站长（zhàn zhǎng） 战争（zhàn zhēng）
抓住（zhuā zhù） 注重（zhù zhòng）

四音节：

纸上谈兵（zhǐ shàng tán bīng）
朝三暮四（zhāo sān mù sì）
志同道合（zhì tóng dào hé）
直言不讳（zhí yán bú huì）
知己知彼（zhī jǐ zhī bǐ）

蒸蒸日上（zhēng zhēng rì shàng）

绕口令：

认识从实践始，实践出真知。知道就是知道，不知道就是不知道。不要知道说不知道，也不要不知道说知道。老老实实，实事求是，一定做到不折不扣的真知道。

---

ch

单音节：

穿（chuān） 长（cháng） 初（chū）
超（chāo） 处（chù） 成（chéng）
除（chú） 车（chē） 陈（chén）
春（chūn）

双音节：

长城（cháng chéng） 乘除（chéng chú）
出差（chū chāi） 乘车（chéng chē）
传承（chuán chéng） 唇齿（chún chǐ）
出处（chū chù） 长春（cháng chūn）
拆除（chāi chú）

四音节：

成竹在胸（chéng zhú zài xiōng）
车水马龙（chē shuǐ mǎ lóng）
出口成章（chū kǒu chéng zhāng）
沉默寡言（chén mò guǎ yán）

称心如意（chèn xīn rú yì）
馋涎欲滴（chán xián yù dī）

绕口令：
爬来爬去是蚕，飞来飞去是蝉。蚕常在桑叶里藏，蝉藏在树林里唱。

---

sh

单音节：

说（shuō） 时（shí） 上（shàng） 使（shǐ）
舌（shé） 市（shì） 水（shuǐ） 顺（shùn）
数（shù） 收（shōu）

双音节：

受伤（shòu shāng） 师生（shī shēng）
事实（shì shí） 收视（shōu shì）
上声（shǎng shēng） 时尚（shí shàng）
实施（shí shī） 设施（shè shī）
史书（shǐ shū）

四音节：

闪闪烁烁（shǎn shǎn shuò shuò）
水涨船高（shuǐ zhǎng chuán gāo）
双喜临门（shuāng xǐ lín mén）
手舞足蹈（shǒu wǔ zú dǎo）
是非分明（shì fēi fēn míng）
审时度势（shěn shí duó shì）

绕口令：

公园有四排石狮子，每排是十四只大石狮子，每只大石狮子背上是一只小石狮子，每只大石狮子脚边是四只小石狮子。史老师领四十四个学生去数石狮子，你说共数出多少只大石狮子和多少只小石狮子？

r

单音节：

软（ruǎn）　让（ràng）　若（ruò）　柔（róu）
热（rè）　荣（róng）　然（rán）　仁（rén）
如（rú）　日（rì）

双音节：

忍让（rěn ràng）　仍然（réng rán）
融入（róng rù）　荏苒（rěn rǎn）
柔软（róu ruǎn）　容忍（róng rěn）
荣辱（róng rǔ）　软弱（ruǎn ruò）
闰日（rùn rì）

四音节：

热情洋溢（rè qíng yáng yì）
人才辈出（rén cái bèi chū）
日理万机（rì lǐ wàn jī）
如花似锦（rú huā sì jǐn）
容光焕发（róng guāng huàn fā）
燃眉之急（rán méi zhī jí）

绕口令：

任命、人名，任命是任命，人名是人名，任命人名不能错，错了人名错任命。

6. 舌面音 j、q、x

问题

j、q、x 这组音也是最容易出现发音问题的，那就是容易把这几个音发成尖音，如把 xīn xiān（新鲜）发成 sīn siān 等，而汉语普通话没有尖音。

解决办法

发音时，舌尖务必要抵住下齿背，注意不要让舌尖放到两齿之间，更不能碰到上齿。在汉语普通话中，j、q、x 只能和前高元音 i、ü 相拼。

发音训练

j

单音节：

将（jiāng）　杰（jié）　进（jìn）　军（jūn）
见（jiàn）　卷（juàn）　家（jiā）　就（jiù）
级（jí）　举（jǔ）

双音节：

简介（jiǎn jiè）　经济（jīng jì）

接近（jiē jìn）　　解决（jiě jué）
京剧（jīng jù）　　基金（jī jīn）
紧急（jǐn jí）　　积极（jī jí）
救济（jiù jì）

四音节：
斤斤计较（jīn jīn jì jiào）
将计就计（jiāng jì jiù jì）
积极进取（jī jí jìn qǔ）
机不可失（jī bù kě shī）
急中生智（jí zhōng shēng zhì）
捐弃前嫌（juān qì qián xián）

绕口令：
九月九，九个酒迷喝醉酒。九个酒杯九杯酒，九个酒迷喝九口。喝罢九口酒，又倒九杯酒。九个酒迷端起酒，“咕咚、咕咚”又九口。九杯酒，酒九口，喝罢九个酒迷醉了酒。

---

q

单音节：
全（quán）　前（qián）　去（qù）　其（qí）
期（qī）　请（qǐng）　窃（qiè）　却（què）
区（qū）　起（qǐ）

双音节：
全球（quán qiú）　　齐全（qí quán）

秦腔（qín qiāng）　崎岖（qí qū）
请求（qǐng qiú）　侵权（qīn quán）
前期（qián qī）　情趣（qíng qù）
欠缺（qiàn quē）

四音节：

七上八下（qī shàng bā xià）
旗开得胜（qí kāi dé shèng）
骑虎难下（qí hǔ nán xià）
奇光异彩（qí guāng yì cǎi）
气吞山河（qì tūn shān hé）
群策群力（qún cè qún lì）

绕口令：

北边来了一个瘸子，背着一捆橛子。南边来了一个瘸子，背着一筐茄子。背橛子的瘸子打了背茄子的瘸子一橛子。背茄子的瘸子打了背橛子的瘸子一茄子。

X

单音节：

向（xiàng）　星（xīng）　小（xiǎo）　行（xíng）
下（xià）　想（xiǎng）　现（xiàn）　学（xué）
心（xīn）　系（xì）

双音节：

形象（xíng xiàng）　休闲（xiū xián）

信息（xìn xī）　　学校（xué xiào）

相信（xiāng xìn）　　休息（xiū xi）

学习（xué xí）　　谢谢（xiè xie）

心绪（xīn xù）

四音节：

习以为常（xí yǐ wéi cháng）

狭路相逢（xiá lù xiāng féng）

喜笑颜开（xǐ xiào yán kāi）

洗耳恭听（xǐ ěr gōng tīng）

细水长流（xì shuǐ cháng liú）

血雨腥风（xuè yǔ xīng fēng）

绕口令：

小妞妞，叫小秋，梳着两个小抓鬏。小胖胖，叫小牛，穿着一个小兜兜。小秋帮着小牛系扣扣，小牛帮着小秋剥豆豆。小秋、小牛手拉手，一块儿玩，一块儿走。

7. 舌根音 g 、k、h

问题

g、k、h 这三个音是 21 个声母中发音最靠后的音，音色也是属于最暗的一组音。许多男士为了追求声音的浑厚，常把这三个音发得过于靠后，这种发音方法会影响声音的清晰度，喉音的产生和它有直接的关系。

解决办法

在发 g、k、h 这几个音时，舌位要有意识地前移，也就是“后音前发”。

发音训练

g

单音节：

光（guāng） 刚（gāng） 给（gěi） 跟（gēn）
高（gāo） 更（gèng） 国（guó） 够（gòu）
该（gāi） 个（gè）

双音节：

公共（gōng gòng） 公告（gōng gào）
故宫（gù gōng） 规格（guī gé）
广告（guǎng gào） 古怪（gǔ guài）
改革（gǎi gé） 故国（gù guó）
骨干（gǔ gàn）

四音节：

功成名就（gōng chéng míng jiù）
歌功颂德（gē gōng sòng dé）
光明磊落（guāng míng lěi luò）
各抒己见（gè shū jǐ jiàn）
根深蒂固（gēn shēn dì gù）
敢想敢干（gǎn xiǎng gǎn gàn）

绕口令：

哥挎瓜筐过宽沟，赶快过沟看怪狗。

光看怪狗瓜筐扣，瓜滚筐空哥怪狗。

---

k

单音节：

快（kuài）　空（kōng）　看（kàn）　可（kě）

开（kāi）　款（kuǎn）　口（kǒu）　靠（kào）

库（kù）　卡（kǎ）

双音节：

慷慨（kāng kǎi）　可靠（kě kào）

开阔（kāi kuò）　旷课（kuàng kè）

宽阔（kuān kuò）　刻苦（kè kǔ）

开口（kāi kǒu）　开垦（kāi kěn）

亏空（kuī kōng）

四音节：

刻舟求剑（kè zhōu qiú jiàn）

开拓进取（kāi tuò jìn qǔ）

空口无凭（kōng kǒu wú píng）

开门见山（kāi mén jiàn shān）

侃侃而谈（kǎn kǎn ér tán）

可歌可泣（kě gē kě qì）

绕口令：

王婆卖瓜又卖花，一边卖来一边夸，又夸花，又夸瓜，夸瓜大，夸花好，瓜大花好笑哈哈。

---

h

单音节：

好（hǎo） 环（huán） 会（huì） 后（hòu）
话（huà） 或（huò） 红（hóng） 汉（hàn）
魂（hún） 黑（hēi）

双音节：

绘画（huì huà） 很好（hěn hǎo）
黄河（huáng hé） 辉煌（huī huáng）
后悔（hòu huǐ） 豪华（háo huá）
浑厚（hún hòu） 回话（huí huà）
合伙（hé huǒ）

四音节：

红红火火（hóng hong huǒ huo）
含含糊糊（hán han hū hu）
焕然一新（huàn rán yī xīn）
欢天喜地（huān tiān xǐ dì）
货真价实（huò zhēn jià shí）
哼哈二将（hēng hā èr jiàng）

绕口令：

一朵粉红大荷花，趴着一只活蛤蟆。
八朵粉红大荷花，趴着八只活蛤蟆。

六、普通话声母的辨音和对比训练

1. 送气音和不送气音的分辨

发音时呼出气流较强的音称为送气音；发音时吐出气流较弱的音称为不送气音。需要注意的是：现代汉语普通话中，不送气音和送气音的对立只限于塞音和塞擦音，并形成整齐的对应。擦音没有送气不送气的区别。送气音和不送气音在普通话中有分辨词义的作用。在发送气音的时候要注意控制气流，避免噪音和杂音。

对比训练

b～p	被俘（bèi fú）	～	佩服（pèi fú）
	鼻子（bí zi）	～	皮子（pí zi）
	鄙视（bǐ shì）	～	批示（pī shì）
	鼻炎（bí yán）	～	皮炎（pí yán）
d～t	队伍（duì wu）	～	退伍（tuì wǔ）
	丹心（dān xīn）	～	贪心（tān xīn）
	堵住（dǔ zhù）	～	土著（tǔ zhù）
	道路（dào lù）	～	套路（tào lù）

g ~ k

关心（guān xīn） ~ 宽心（kuān xīn）
干完（gàn wán） ~ 看完（kàn wán）
天宫（tiān gōng） ~ 天空（tiān kōng）
鼓励（gǔ lì） ~ 苦力（kǔ lì）

j ~ q

圈钱（quān qián） ~ 捐钱（juān qián）
金笔（jīn bǐ） ~ 亲笔（qīn bǐ）
精华（jīng huá） ~ 清华（qīng huá）
吉利（jí lì） ~ 绮丽（qǐ lì）

2. 平舌音与翘舌音的分辨

在发这两组音时，我们首先要能够听辨，也就是要能辨别出什么是平舌音，什么是翘舌音。特别是要找准这两组音的区别点。平舌音是舌尖与上齿龈接触或接近发出的声音，而翘舌音则是舌尖抵住或接近硬腭发出的声音，这是区分平翘舌音的关键点。

对比训练

z ~ zh

小邹（xiǎo zōu） ~ 小周（xiǎo zhōu）
自力（zì lì） ~ 智力（zhì lì）
栽花（zāi huā） ~ 摘花（zhāi huā）
暂时（zàn shí） ~ 战时（zhàn shí）

c~ch

重新（chóng xīn）	~	从新（cóng xīn）
鱼刺（yú cì）	~	鱼翅（yú chì）
擦手（cā shǒu）	~	插手（chā shǒu）
粗气（cū qì）	~	出气（chū qì）

s~sh

散开（sǎn kāi）	~	闪开（shǎn kāi）
塞子（sāi zi）	~	筛子（shāi zi）
三哥（sān gē）	~	山歌（shān gē）
四十（sì shí）	~	事实（shì shí）

3. 翘舌音与舌面音的分辨

分辨这两组声母，要搞清楚它们的共同点和不同点。共同点是发音方法都是塞擦音、不送气音，不同点是它们的发音部位不同。发翘舌音时，是用舌尖抵住或接近硬腭，而在发舌面音时，是用舌尖抵住下齿背，使舌面前部紧贴或接近硬腭前部，并形成适度的间隙。

对比训练

zh~j

标志（biāo zhì）	~	标记（biāo jì）
朝气（zhāo qì）	~	娇气（jiāo qì）
质量（zhì liàng）	~	计量（jì liàng）
杂志（zá zhì）	~	杂技（zá jì）

ch~q

缠身（chán shēn）	~	前身（qián shēn）
痴人（chī rén）	~	奇人（qí rén）
船身（chuán shēn）	~	全身（quán shēn）
池子（chí zi）	~	旗子（qí zi）

---

sh~x

时髦（shí máo）	~	熊猫（xióng māo）
湿气（shī qì）	~	吸气（xī qì）
诗人（shī rén）	~	袭人（xí rén）
时间（shí jiān）	~	席间（xí jiān）

4. 唇齿音与舌根音的分辨

分辨这两个音首先是要清楚它们的发音方法是一样的，都是清擦音。然后要搞清楚它们的不同点，不同点是在成阻部位上。唇齿音 f 是上齿和下唇形成阻碍，而舌根音 h 的成阻部位是在舌根和硬腭与软腭的交界处。了解了发音部位的不同，就要着重练习这两个音，这是分辨这两个声母的前提。同时，还应该加强听力训练，要从听感上灵敏地区分 f 和 h。

对比训练

f~h

公费（gōng fèi）	~	工会（gōng huì）
废话（fèi huà）	~	绘画（huì huà）
开发（kāi fā）	~	开花（kāi huā）
开放（kāi fàng）	~	开荒（kāi huāng）

5. 鼻音与边音的分辨

这两个音的发音部位是相同的，都是用舌尖抵住上齿龈，不同的只是发音方法。n 是鼻音，发音时，气流从鼻腔流出；l 是边音，发音时，气流从舌的两边流出。如感觉不到，可把鼻子堵住，发音困难的，就是鼻音。相反，发音不困难的就是边音。

对比训练

n~l

难住（nán zhù）	~	拦住（lán zhù）
男子（nán zǐ）	~	篮子（lán zi）
留念（liú niàn）	~	留恋（liú liàn）
女客（nǚ kè）	~	旅客（lǚ kè）

七、部分方言中发辅音声母时常出现的一些问题及纠错训练

1. zh、ch、sh

问题

我国辽宁多数地方在说话时没有 zh、ch、sh 声母，普通话读 zh、ch、sh 的字，辽宁多数读成 z、c、s。整个东北地区也经常会有把 z、c、s 读成 zh、ch、sh 的。如：把 zǔ guó（祖国）发成 zhǔ guó、chī cù（吃醋）发成 chī chù。此外，还有把

zh、ch、sh 发成卷舌音，也有把翘舌音发得偏前的情况，这种情况在南方省份出现得比较多。

纠错训练

在发 zh、ch、sh 时，应将舌尖翘起，对着硬腭前端（有棱楞的地方）去发音。

知识（zhī shi）	自私（zì sī）
支持（zhī chí）	字词（zì cí）
支出（zhī chū）	紫苏（zǐ sū）
主持（zhǔ chí）	组词（zǔ cí）
迟滞（chí zhì）	次子（cì zǐ）
世俗（shì sú）	私塾（sī shú）

2. z、c、s

问题

将 z、c、s 与翘舌音发生混淆，造成平翘不分，是多数地方的人常出现的发音问题，不过平翘不分经过学习，还是容易区分和掌握的。难点是，许多地方的人把它发成齿间音，例如，湖南、山东等地。还有的人在发音时，舌与上齿背的接触面过大，听上去像是大舌头。

纠错训练 山随水，水随山，三山四水四处艳。

3. n、l 不分

问题 许多地方的人在发 n、l 时经常混乱不分，如把 nán zǐ（男子）发成 lán zǐ，shuǐ niú（水牛）发成 shuǐ liú。

纠错训练 在发鼻音 n 时，舌尖顶上齿龈，阻挡气流通路，气流不能从口腔中流出，而后声带颤动，软腭下降，气流从鼻腔流出。发边音 l 时，舌尖也顶上齿龈，但两边留有空隙，声带颤动，软腭打开，声音和气流从舌两边流出。

眼内（yǎn nèi）	~	眼泪（yǎn lèi）
无奈（wú nài）	~	无赖（wú lài）
送你（sòng nǐ）	~	送礼（sòng lǐ）
那日（nà rì）	~	腊日（là rì）
姑娘（gū niang）	~	估量（gū liang）
大怒（dà nù）	~	大陆（dà lù）

4. f、h 混乱

问题 f、h 混乱的现象湖南最为严重。湖南人经常把 hú nán（湖南）发成 fú nán，kāi huā（开花）发成 kāi fā。此外，福建、广东、江西等地的人也有把 gōng fèi（公费）发成 gōng huì，xìng fú（幸福）发成 xìng hú 的现象。

纠错训练

发展（fā zhǎn）	~	花展（huā zhǎn）
凡是（fán shì）	~	环视（huán shì）
副手（fù shǒu）	~	护手（hù shǒu）
废话（fèi huà）	~	绘画（huì huà）
防空（fáng kōng）	~	航空（háng kōng）
分头（fēn tóu）	~	昏头（hūn tóu）
防风（fáng fēng）	~	黄蜂（huáng fēng）
分发（fēn fā）	~	昏花（hūn huā）
房山（fáng shān）	~	黄山（huáng shān）
分配（fēn pèi）	~	婚配（hūn pèi）
公费（gōng fèi）	~	工会（gōng huì）
飞赴（fēi fù）	~	恢复（huī fù）

5. r、l 不分

问题

江苏、江西、浙江、湖南、湖北人发音时，常常 r、l 不分。如：把 chū lù（出路）发成 chū rù，tiān rán（天然）发成 tiān lán，rù zi（褥子）发成 lù zi。

纠错训练

燃料（rán liào）　染料（rǎn liào）

让路（ràng lù）　扰乱（rǎo luàn）

热恋（rè liàn）　热烈（rè liè）

人类（rén lèi）　人力（rén lì）

日历（rì lì）　让利（ràng lì）

蹂躏（róu lìn）　人流（rén liú）

日落（rì luò）　锐利（ruì lì）

例如（lì rú）　乳酪（rǔ lào）

八、发声母时口腔控制要领

声母发不好、发不准的原因除了发音部位不准确、发音方法不对、方言习惯错误等，还有唇舌无力，没有掌握正确、科学的发音方法问题。这需要我们平常加强对声母的发音训练，特别是要多练 b、p、m、d、t、n、l。这可以加强我们的唇舌力度。同时，我们可以通过练习喷、弹、啃、吐、摩来掌握发好声母的要领和技巧。

喷：双唇声母用喷法，但不能裹唇。

弹：舌尖音用弹法，舌要灵活、有力。

啃：舌根音用啃法，舌根要顶住。

吐：吐要吐得干净利落，不要拖泥带水。

摩：擦音摩擦声不能太大。

我们也可以通过下面两个练习来增强唇舌的力度：

（1）初八十八二十八，几个小孩拔萝卜，你也拔，我也拔，看谁拔得多，看谁拔得大。你拔得不多个不小，我拔得不少个不大，一个萝卜一个坑，算算多少用车拉。

（2）我拍得急，拍得准，能直拍、横拍、斜拍、竖拍、左拍、右拍和对拍，左旋拍，右旋拍，上旋拍，下旋拍，拍得不响，拍得不舒服我保证不拍。

九、零声母

零声母也是一种声母。实验语音学证明，零声母往往也有特定的、具有某些辅音特性的起始方式。普通话零声母可以分为两类：开口呼零声母和非开口呼零声母。

非开口呼零声母，即除开口呼以外的齐齿呼、合口呼、撮口呼三种零声母的起始方式：

齐齿呼零声母音节汉语拼音用隔音字母 y 开头，由于起始部分没有辅音声母，实际发音带有轻微摩擦，是半元音［j］，半元音仍属辅音类。合口呼零声母音节汉语拼音用隔音字母 w 开头，实际发音带有轻微摩擦，是半元音［w］或齿唇通音［ʋ］。搓口呼零声母音节汉语拼音用隔音字母 y（yu）开头，实际发音带有轻微的摩擦，是半元音［ɥ］。

开口呼零声母汉语拼音字母不表示。不经过专门的语音训练，人们一般感觉不到 ɑ、o、e 开头的音节还有微弱的辅音存在，因为这些音节开头的辅音成分没有辨义作用，我们可以忽略不计。

发音例词：

额外（é wài）	永远（yǒng yuǎn）	孕育（yùn yù）
谣言（yáo yán）	恩爱（ēn ài）	踊跃（yǒng yuè）
洋溢（yáng yì）	忘我（wàng wǒ）	偶尔（ǒu ěr）
威望（wēi wàng）	医药（yī yào）	万物（wàn wù）

第三章

普通话韵母元音训练

元音圆润、明亮、通畅，在普通话语音中占有极大优势。普通话语音中没有不包含元音的音节，而辅音则不能自成音节，必须和元音配合使用（极少数的语气词和象声词如哼、嗯等除外）。

一、元音及其发音特点

1. 什么是元音

元音是音素的一种。在汉语普通话中，元音最响亮、优美，发元音时气流通过声门，冲开闭拢的声带，声带颤动产生乐音声波，经过口腔时，受口腔形状、大小的变化影响，发出不同的元音。汉语普通话中有 32 个音素，除了辅音音素 22 个外，元音音素有 10 个。

2. 元音的特点

（1）响亮、通畅、圆润、乐音成分多，普通话语音中没有无元音的音节。

（2）声带颤动，不用较强的气流就能产生乐音，而且声音也很响亮。

（3）发元音时，气流在口腔中不受阻碍，畅通无阻。

（4）发音器官均衡紧张，不像辅音只有阻碍气流的那部分肌肉紧张。

二、什么是韵母

按汉语语音学的传统分析方法，把汉语音节中声母以后的部分叫韵母。韵母由单元音或复合音充当。普通话中有 39 个韵母。韵母的主要组成部分是元音，但元音不等于韵母。韵母最少由 1 个元音，也可以由 2 个或 3 个元音组成。韵母中也可以有辅音，韵母中的辅音总是放在韵尾。普通话中只有两个鼻辅音 n 和 ng 可以做韵尾。

韵母可分为三部分，即：韵头、韵腹和韵尾，又可以分别叫做介音、主要元音和尾音。韵母由单元音充当的，这个元音就是韵腹。由 2 个或 3 个元音充当韵母时，其中口腔开度最大，声音最响亮的那个元音是韵腹。韵腹前面的元音是韵头，后面的元音或辅音是韵尾。一个韵母可以没有韵头或韵尾，但是不可以没有韵腹。

三、韵母的分类

普通话 39 个韵母中 23 个由元音（单元音或复合元音）充当，16 个由元音附带鼻辅音韵尾构成。普通话韵母的韵头有 i-、u-、ü- 3 个，韵尾有 4 个，其中 2 个元音韵尾 -i、-ü 和 2 个辅音韵尾 -n、-ng。

普通话的韵母可以分成单韵母、复韵母和鼻韵母三大类：普通话有 10 个单韵母，即：ɑ、o、e、ê、i、u、ü，两个舌尖音 -i（前）、-i（后）和一个卷舌元音 er。有 13 个复韵母，即：ɑi、ei、ɑo、ou、iɑ、ie、uɑ、uo、üe、iɑo、iou、uɑi、uei。有 16 个鼻韵母，即：ɑn、en、iɑn、in、 uan、uen、üan、ün、ang、eng、iang、ing、uang、ueng、ong、iong。

汉语音韵学还根据韵母开头的实际发音把韵母分为“开口呼”、“齐齿呼”、“合口呼”、“搓口呼”四类。普通话有15个开口呼韵母：a、o、e、ê、ai、ei、ao、ou、an、en、ang、eng、-i（前）、-i（后）、er。有9个齐齿呼韵母：i、ia、ie、iao、iou、ian、in、iang、ing。有10个合口呼韵母：u、ua、uo、uai、uei、uan、uen、uang、ueng、ong。有5个撮口呼韵母：ü、üe、üan、ün、iong。

四、韵母的发音

韵母在汉字音节中发挥着重要的作用，汉语普通话语音响亮、圆润，有音乐感的特点都来自于韵母部分。在练习韵母部分的发音，特别是单元音韵母部分的发音时，应该学会掌握开音稍闭、闭音稍开、前音稍后、后音稍前、圆唇扁发、扁唇圆发的方法，使其在语流中更加明亮、清晰、集中、悦耳。例如：人们在发圆唇音u、ü、o时，双唇向前撮敛成喇叭形，好像声腔前部加了个声筒，使声音延长了，不仅容易使声音发闷，而且也影响美观。而采用圆唇扁发的方法，会使其双唇成扁圆形，利用双唇口部聚拢的力量，带动嘴角微微向前，这样双唇肌肉既容易绷紧，也不影响人在说话时候的面部美观，而且发出的声音自然响亮、不闷不暗。

1. 单元音韵母的发音

（1）什么是单元音韵母。

单元音韵母简称单韵母。普通话里有10个单元音韵母：7个舌面音，即a、o、e、ê、i、u、ü，2个舌尖音-i（前）、-i（后）和1个卷舌元音er。其中，a、o、e、i、u、ü、er可以自成音节。er音除自成音节外，不能跟任何声母相拼，但它可以将其卷舌成分附着在别的韵母后面，构成儿化韵。

（2）单元音韵母的发音特点。

口腔形状的变化和舌位的高低前后，嘴唇的圆与不圆都与单元音韵母的发音有着直接的关系。如：舌头抬高，口腔缩窄；舌头降低，口腔放宽。嘴唇撮圆，前声腔延长，嘴唇平展，前声腔缩短。

① 唇形的圆展：在相同舌位状态下，由于唇形的圆展不同，就形成两个不同的元音。如：i ~ ü、e ~ o。

② 舌位高低：“舌位”就是发音时舌面隆起部分的最高点，也就是接近上腭最近的一点。有人叫它是“舌高点”。发音时，它与上腭距离小，舌位就高，这样状态发出的元音叫“高元音”，也叫“窄元音”；它与上腭距离大、舌位就低，这样状态发出的元音就叫“低元音”，也叫“宽元音”。可以这样说，舌位高，口腔开度就小，如：i；舌位低，口腔开度就大，如：ɑ。

③ 舌位前后：舌位隆起最高点（舌高点）在上腭前部叫舌位前，发出的元音叫前元音，如：i、ü。舌高点在上腭后部叫舌位后，发出的元音叫后元音，如：o、u。舌高点在中央，发出的元音叫央元音，如：ɑ。

④ 单元音韵母发音条件：

ɑ 央低不圆唇元音

o 后半高圆唇元音

e 后半高不圆唇元音

ê 前半低不圆唇元音

i 前高不圆唇元音

u 后高圆唇元音

ü 前高圆唇元音

er 央不圆唇卷舌元音

-i（前）舌尖前不圆唇元音

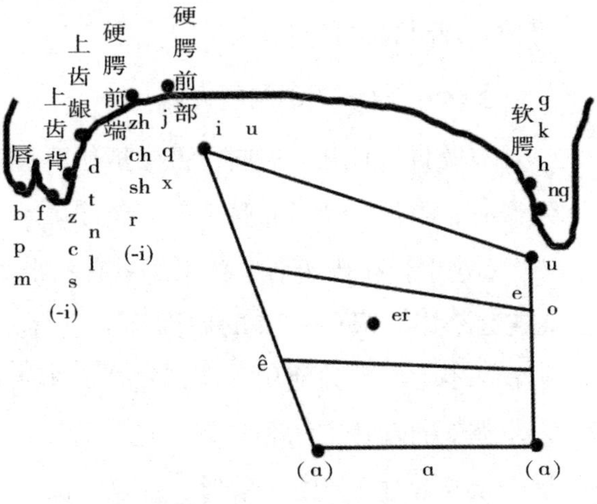

元音舌位图

-i（后）舌尖后不圆唇元音

（3）单元音韵母的发音要领。

ɑ［A］央低不圆唇元音

在发元音 ɑ 的时候，口腔张开，舌头自然放平，舌尖接触下齿龈，上下齿微露。发音时，打开后声腔，呈半打哈欠状态，软腭挺起避免走鼻腔，舌面比较低，它不是圆唇元音，音质明亮圆润。

o［o］后半高圆唇元音

在发元音 o 的时候，口型比 ɑ 略窄，口腔半闭，舌头后缩，舌根抬起，舌高点偏后，舌面两边微卷，舌中部凹进。发音时注意两唇要收敛。嘴角略撮一些，但唇不要向前噘，上下唇的距离比食指略宽。o 音在普通话中单独出现的情况很少，因而不易念准。发音时，要注意唇形，唇形一咧就成 e 了，特别需要强调的是，发 o 时，唇形摆好后再发音，嘴不能动，把握不好，很容易发成 ou 或 uo，就成为复合元音韵母了。o 音本身音质较暗。

e［ɤ］后半高不圆唇元音

与 o 音不同的就是发音时唇形不圆，嘴角展开，舌尖稍离下齿背，舌面平，舌高点偏后。舌根不要动，要放松，舌高点尽量向前一些。发这个音时，要保持微笑状态，上下齿从外观上看可以看到，要稍有距离，这样可使 e 音圆润明亮些。

ê［ε］前半低不圆唇元音

口腔自然打开，展唇，舌尖抵住下齿背，使舌面前部隆起和硬腭相对。发音时，声带振动，软腭上升，关闭鼻腔通路。

ê 这个音在普通话单独用的只有一个“欸”字（同唉），但却经常和 i、ü 连起来用，跟在 i、ü 的后面构成复合元音（复韵母），如：ie、üe。由于 ê 基本上不单独使用，所以这个音不太好发。我们可以通过这样的方式来掌握 ê 的发音方法和要领：把“阶”、“约”等字的字音延长来念，最后停止发音时，口型、唇形、舌位等保持停止时的状态，再重新吸气发音，就是这个 ê 音了。

i［i］前高不圆唇元音

发音时，它的口腔开度较小，舌尖抵下齿背，舌中部稍隆起，前舌面上升接近硬腭，舌高点偏前。嘴角向两边展开成扁平状，气流通路狭窄。发这个音时，由于口腔开度较小，声音容易产生摩擦。我们在实际运用中，可以尽可能把口腔打开些，舌位后移一点儿，上下齿中间要有一定的距离，使口腔稍开一点。i 音音质明亮、尖锐。

u［u］后高圆唇元音

发音时，口腔开度小，舌尖离下齿背也稍远。后舌面上升接近软腭，气流通路狭窄，但不发生摩擦声。唇向前撮，呈圆形，如吹气状。u 音音质较暗。

ü［y］前高圆唇元音

发音时，口腔开度很小，双唇聚拢，两嘴角撮起，没有 u 圆。ü 和 i 的区别就在于圆唇的圆扁，ü 没有 i 那么明亮。

-i（前）［ɿ］（舌尖前元音）舌尖前不圆唇元音

发音时，舌尖前伸，对着上门齿背，但不要靠得太近，也不能发生摩擦。-i（前）音在普通话里只能和 z、c、s 相拼，不能自成音节。

-i（后）［ʅ］（舌尖后元音）舌尖后不圆唇元音

发音时，舌尖翘起对着硬腭前部，舌尖后缩，使气流受到节制，但不到发生摩擦的程度。-i（后）音在普通话里只能和 zh、ch、sh、r 相拼。

er［ɚ］央不圆唇卷舌元音

发音时，口腔在半开半闭之间，舌尖卷起，对着硬腭，这个韵母只能自成音节，不能和任何声母相拼。发音时，舌尖先放平，然后舌尖卷起。在普通话里 er 这个元音不多，只有儿、耳、二等。

（4）怎样使单元音韵母的发音不仅准确、好听，而且嘴形美观、漂亮。

根据语言学的分类，按口腔的开闭、舌位的前后高低、双唇的圆展程度，分别分为闭元音、开元音；前元音、后元音；圆唇元音、扁唇元音。所谓宽窄开闭，也就是指舌头和上腭间的距离。距离大的叫开元音，也叫宽元音；距离窄的叫窄元音或叫闭元音。

常用的 ɑ、o、e、i、u、ü 这 6 个元音，在生活、工作、商务活动等实际运用中可以采取开音稍闭、闭音稍开、前音稍后、后音稍前、圆唇扁发、扁唇圆发的方法，使其在实际语言表达中不仅响亮、清晰、集中、好听，而且嘴形也美观、漂亮。

① 开元音：在发 ɑ、o、e 这 3 个开元音时，如果口腔开得过大，不仅易使声音发散，也影响美观。我们可以采用宽音窄发的方法，对口腔开度进行控制，这样，不仅会使声音更加明亮、集中、圆润、有力度，而且使嘴形美观、大方。

② 闭元音：i、u、ü 这 3 个音口腔开度小，舌与上腭距离近，口腔容积较小，舌头肌肉容易紧张，也容易造成声劈。我们可以采用闭音稍开的发音方法，不仅可以加大口腔的容积，而且可以帮助缓解声带的紧张，改进声音的亮度。

③ 前元音：i、ü、ê 这 3 个音的发音位置比较靠前。如果把握不适当，声音会过于偏前，直接影响语言的表达。男士说话靠前就会出现女气的感觉。采用前音偏后的方法，可以对这 3 个音的亮度有所控制。

④ 后元音：u、o、e 这 3 个音发音位置靠后，与唇的距离长，如果过于靠后，会使声音沉闷。采用后音稍前的方法，可以使后元音的亮度增加。

⑤ 圆唇音：u、ü、o 发音时，双唇向前撮敛成圆形，好像声腔前部加了个声筒，使声腔延长了，容易使声音发闷，而且影响唇形的美观。采用圆唇扁发的方法，使其唇形呈扁圆形，声音自然响亮不闷，唇形也美观。

⑥ 扁唇音：ɑ、e、i 这 3 个音发音时，不能太扁、太咧嘴，应采用扁唇圆发的方法，使唇形稍圆些，而且可以增加声音的圆润度。

总的来说，普通话里的 ɑ、o、e、i、u、ü 这 6 个音是最响亮的音，汉语音节离开它们不会发得响亮、圆润。这6个元音如果和辅音结合起来，则要使其发得清晰、有力。一般来说，声音的偏前偏后，主要表现在元音上，而且整个发声位置的正确与否和这6个主要元音的位置是密切相关的。

（5）单元音韵母发音训练。

首先要把单个音素、舌位、口型摆对，然后通过词、成语、段子、诗歌去进行练习。练好这6个元音可以解决声音颤、挤、扁、软、白、走鼻音的问题，同时，可以使中声区自如、均匀、统一，做到高音不挤不破，低音不压不散。需要注意的是，在练习这6个音时，腹肌力量要加大，胸部保持挺起，舌根放松，不要挤压喉部。需要特别强调的是，ɑ音在400多个基本音节中出现比较多，大约在150多个音节中出现。ɑ音发得好，就会使声音美化；ɑ音发得靠前，会造成声音发嗲；ɑ音发得靠后，压舌根喉音重，吐字不清楚，声音老气；口腔开大了，声音散，不集中；口腔开小了，声音扁，没力度。

ɑ

字词训练

打靶（dǎ bǎ）　大厦（dà shà）　发达（fā dá）

马达（mǎ dá）　喇叭（lǎ ba）　哪怕（nǎ pà）

喇嘛（lǎ ma）　哇啦（wā lā）

绕口令训练

妈妈爱栽花，爸爸爱种瓜；妈妈栽桃花，爸爸种西瓜；桃花红，红桃花，娃娃脸上笑哈哈；爸爸给我吃西瓜，娃娃心里乐开花。

o

字词训练

伯伯（bó bo）　婆婆（pó po）　默默（mò mò）
泼墨（pō mò）

绕口令训练

郭老伯、骆老伯，毕老伯、柏老伯，郭骆毕柏四老伯，约着城北买菱角，买得菱角阁上剥，菱角壳戳着了四老伯。

e

字词训练

隔阂（gé hé）　合格（hé gé）　客车（kè chē）
特色（tè sè）　折射（zhé shè）　乐得（lè dé）
哥哥（gē ge）　割舍（gē shě）

绕口令训练

哥哥弟弟坡前坐，坡上卧着一只鹅，坡下流着一条河，哥哥说：宽宽的河，弟弟说：白白的鹅。鹅要过河，河要渡鹅，不知是鹅过河，还是河渡鹅。

i

字词训练

笔记（bǐ jì）　激励（jī lì）　基地（jī dì）
秘密（mì mì）　习题（xí tí）　霹雳（pī lì）
利益（lì yì）　礼仪（lǐ yí）

绕口令训练

一个跛子，牵着驴子；一个驼子，拉着车子；一个瞎子，抱着孩子。跛子的驴子，撞着驼子的车子；驼子的车子，碰倒瞎子的孩子；瞎子要打驼子，驼子要打跛子。

u

字词训练

补助（bǔ zhù）　读物（dú wù）　辜负（gū fù）
瀑布（pù bù）　入伍（rù wǔ）　疏忽（shū hu）
目睹（mù dǔ）　母乳（mǔ rǔ）

绕口令训练

一位爷爷他姓顾，上街打醋又买布。买了布，打了醋，回头看见鹰抓兔。放下布，搁下醋，上前去追鹰和兔，飞了鹰，跑了兔。打翻醋，醋湿布。

ü

字词训练

聚居（jù jū）　区域（qū yù）　屈居（qū jū）
须臾（xū yú）　序曲（xù qǔ）　语序（yǔ xù）
迂曲（yū qū）　雨具（yǔ jù）

绕口令训练

这天天下雨，体育局穿绿雨衣的女小吕，去找穿绿运动衣的女老李。穿绿雨衣的女小吕，没找到穿绿运动衣的女老李，穿绿运动衣的女老李，也没见着穿绿雨衣的女小吕。

er

字词训练

而且（ér qiě）　儿歌（ér gē）　耳朵（ěr duo）
二胡（èr hú）

绕口令训练

进了门儿，倒杯水儿，喝了两口运运气儿。顺手拿起小唱本儿，唱了一曲儿，又一曲儿，练完了嗓子练嘴皮儿，绕口令儿，练字音儿，还有快板儿对口词儿，越说越唱越带劲儿。

提示

er 音节下的汉字实际读音应分为两类：

① 数词“二”的读音应为［**ar**］。

② 其余汉字读音均为［**ər**］。

-i（前）

字词训练

私自（sī zì）　　此次（cǐ cì）　　次子（cì zǐ）

字词（zì cí）　　子嗣（zǐ sì）　　刺字（cì zì）

自此（zì cǐ）　　赐死（cì sǐ）

绕口令训练

一个大嫂子，一个大小子。大嫂子跟大小子比包饺子，看是大嫂子包的饺子好，还是大小子包的饺子好，再看大嫂子包的饺子少，还是大小子包的饺子少。大嫂子包的饺子又小又好又不少，大小子包的饺子又小又少又不好。

-i（后）

字词训练

实施（shí shī）　　支持（zhī chí）　　知识（zhī shi）

制止（zhì zhǐ）　　值日（zhí rì）　　试制（shì zhì）

指示（zhǐ shì）　　市尺（shì chǐ）　　迟滞（chí zhì）

绕口令训练

知之为知之，不知为不知，不以不知为知之，不以知之为不知，唯此才能求真知。

ê

ê 除语气词“欸”外单用的机会不多，只出现在复韵母 ie、üe 中。

2. 复合元音韵母的发音

（1）什么是复合元音韵母。

复合元音韵母简称复韵母，是由 2 个或 3 个元音组合而成。

复韵母由 3 个部分组成，即韵头、韵腹和韵尾。但有的只有韵头和韵腹；有的只有韵腹和韵尾；而其中只有韵腹是必不可少的。复韵母中开口度最大的、声音最响亮的部分，就是韵母中心，我们称它为主要元音。

（2）复韵母的分类。

复韵母分为二合复韵母和三合复韵母，总共有 13 个。其中，二合复韵母有 9 个，分别是：ɑi、ei、ɑo、ou、iɑ、ie、uɑ、uo、üe；三合复韵母有 4 个，分别是：iɑo、iou、uɑi、uei。

二合复韵母中，前响二合复韵母有 4 个：ɑi、ei、ɑo、ou；后响二合复韵母有 5 个：iɑ、ie、uɑ、uo、üe；三合复韵母 iɑo、iou、uɑi、uei 均为中响三合复韵母。

（3）复韵母的发音特点。

复韵母在发音过程中，舌位、唇形由一个元音滑动、变化到另一个元音，没有哪一个元音单独、明确地表现出来。复韵母的发音不是简单的两个或三个元音的相加，而是复合而成的一种新的声音。

（4）复韵母的发音要领及发音训练。

① 前响复韵母。普通话前响复韵母共有 4 个：ɑi、ei、ɑo、ou。发音的共同点是：元音舌位都是由低向高滑动，开头的元音音素响亮、清晰，收尾的元音音素轻短、模糊。因此，收尾的字母只表示舌位移动的方向。

ɑi [ai]

是前元音音素的复合，动程大。起点元音是比单元音 ɑ [a] 的舌位靠前的前低不圆唇元音 [a]，可简称为“前 ɑ”。发音时，舌尖抵住下齿背，使舌面前部隆起与硬腭相对。从“前 ɑ”开始，舌位向 i 的方向滑动升高，大体停在次高元音 [i]。

字词训练

拍卖（pāi mài）	灾害（zāi hài）	爱戴（ài dài）
采摘（cǎi zhāi）	海带（hǎi dài）	开采（kāi cǎi）
拆改（chāi gǎi）	外债（wài zhài）	晒台（shài tái）

绕口令训练

小艾和小戴，一起去买菜，小艾把一斤菜给小戴，小戴就有比小艾多一倍的菜。小戴把一斤菜给小艾，小艾小戴就有一样多的菜。请你拍拍脑袋猜一猜，小艾小戴各买了几斤菜？

ei [ei]

是前元音音素的复合，动程较短。起点元音是前半高不圆唇元音 e [e]。发音过程中，舌尖抵住下齿背，使舌面前部（略后）隆起对着硬腭中部。从 e［e］开始，舌位升高，向 i 的方向往前往高滑动，大体停在次高元音［i］。

字词训练

肥美（féi měi）	妹妹（mèi mei）	配备（pèi bèi）
狒狒（fèi fei）	贝贝（bèi bei）	磊磊（lěi lei）
委培（wěi péi）	美味（měi wèi）	飞贼（fēi zéi）

绕口令训练

贝贝背水，水洒贝贝一背水。

妹妹添煤，煤抹妹妹两眉煤。

ɑo［ɑu］

ɑo 是后元音音素的复合。起点元音比单元音 ɑ［A］的舌位靠后，是个后低不圆唇元音［ɑ］，可简称为“后 ɑ”。发音时，舌体后缩，使舌面后部隆起。从“后 ɑ”开始，舌位向 u（汉语拼音写作 -o，实际发音接近 u）的方向滑动升高。收尾的 -u 舌位略低，为［u］。

字词训练

懊恼（ào nǎo）	操劳（cāo láo）	高潮（gāo cháo）
冒号（mào hào）	骚扰（sāo rǎo）	逃跑（táo pǎo）
早操（zǎo cāo）	犒劳（kào láo）	招考（zhāo kǎo）

绕口令训练

东边庙里有只猫，西边树梢有只鸟。

猫鸟天天闹，不知是猫闹鸟，还是鸟闹猫。

ou [ou]

起点元音比单元音 o 的舌位略高、偏前，接近央元音 [ə]，唇形略圆。发音时，从略带圆唇的央元音 [ə] 开始，舌位向 u 的方向滑动。收尾的 -u 接近 [u]。这个复韵母动程很小。

字词训练

丑陋（chǒu lòu）	兜售（dōu shòu）	漏斗（lòu dǒu）
口头（kǒu tóu）	佝偻（gōu lóu）	收购（shōu gòu）
喉头（hóu tóu）	叩首（kòu shǒu）	欧洲（ōu zhōu）

绕口令训练

清早街上走，走到周家大门口，门里跳出大黄狗，黄狗跳过来要咬住我的手。不知我手里的石头打没打着大黄狗？也不知道黄狗咬没咬着我的手？

② 后响复韵母。普通话后响复韵母元音有 5 个：iɑ、ie、uɑ、uo、üe。它们发音的共同点是舌位由高向低滑动，收尾的元音音素响亮清晰，在韵母中处在韵腹地位，因此舌位移动的终点是确定的。而开头的元音音素都是高元音 i-、u-、ü-，由于它处于韵母的韵头位置，发音不太响亮，比较短促。这些韵头在音节里特别是零声母音节里常常伴有轻微摩擦。

iɑ [iA]

起点元音是前高元音 i，舌位滑向央低元音 ɑ [A]。i 的发音较短，ɑ 的发音响而长。止点元音 ɑ 位置确定。

字词训练

假牙（jiǎ yá）　　恰恰（qià qià）

压价（yā jià）　　加压（jiā yā）

绕口令训练

小亚上午补了牙，邀请小贾去他家，小贾上街买了鸭，高高兴兴去了小亚家。谁知鸭肉碰掉了小亚的假牙，气得小亚骂小贾，急得小贾满地找假牙。

ie［iɛ］

起点元音是前高元音 i，舌位滑向前中元音 ê［ɛ］止。i 的发音较短，ê 的发音响而长。止点元音 ê 位置确定。

字词训练

结业（jié yè）　贴切（tiē qiè）　铁屑（tiě xiè）　趔趄（liè qie）

绕口令训练

姐姐上街去买鞋，斜街的爷爷专卖鞋。鞋大姐姐不贴切，鞋小姐姐打趔趄。爷爷替姐姐定制鞋，乐得姐姐谢爷爷。

> **提示**
>
> ie 和 üe 中的 e 不是单韵母 e，而是 ê，为了书写方便去掉了“^”。

uɑ［uA］

起点元音是后高半圆唇元音 u，舌位滑向央低元音 ɑ［A］止，唇形由最圆逐步展开到不圆。u 较短，ɑ 响而长。

字词训练

挂花（guà huā）　　要滑（shuǎ huá）　　娃娃（wá wa）

画画（huà hua）　　哗哗（huā huā）　　哇哇（wā wā）

绕口令训练

娃娃从小爱画画，画了一幅好图画。

娃娃画完要挂画，画斜倒下砸娃娃。

uo［uo］

由后圆唇元音音素复合而成。起点元音是后高元音 u，舌位下滑到后中元音 o［o］止。u 较短，o 响而长。发音过程中，保持圆唇，开头最圆，结尾圆唇度略减。

字词训练

错落（cuò luò）　　硕果（shuò guǒ）　　啰嗦（luō suō）

脱落（tuō luò）　　陀螺（tuó luó）　　做作（zuò zuo）

绕口令训练

大哥多大锅，二哥多二锅，大哥拿多的大锅换二哥多的二锅。二哥拿多的二锅换大哥多的大锅，大哥二哥合用大锅和二锅。

üe [yɛ]

由前元音音素复合而成。起点元音是圆唇的前高元音 ü，舌位下滑到前中元音 ê [ɛ] 止，唇形由圆到不圆。ü 较短，ê 响而长。

字词训练

雀跃（què yuè）	约略（yuē lüè）	决绝（jué jué）
血液（xuè yè）	学业（xué yè）	疟疾（nüè ji）

绕口令训练

情绵绵，意切切，除夕白雪映雪月。神州大地多皎洁，雀跃欢呼新岁月。

③ 中响复韵母。中响复韵母 iao、iou、uai、uei 是由前响复韵母 ao、ou、ai、ei 加上韵头 i、u 构成的。这些韵母发音的共同点是：舌位由高向低滑动，再从低向高滑动。开头的元音音素不响亮，短促，中间的元音音素响亮、清晰。收尾的元音音素轻短、模糊。

iao [iau]

由前高元音 i 开始，舌位降至后低元音 a [ɑ]。然后再向后次高圆唇元音 u [u] 的方向滑升。发音过程中，舌位先降后升，由前到后，曲折幅度大。唇形从中间的元音 a 逐渐圆唇。

字词训练

吊销（diào xiāo）	疗效（liáo xiào）	巧妙（qiǎo miào）
袅袅（niǎo niǎo）	调料（tiáo liào）	逍遥（xiāo yáo）
苗条（miáo tiao）	渺小（miǎo xiǎo）	教条（jiào tiáo）

绕口令训练

小刁挑鸟太教条，非要一只苗条鸟，有头有尾还有腰，小刁挑鸟成笑料。

iou [iou]

由前高元音 i 开始，舌位降至央（略后）元音 [ə]，然后再向后次高圆唇元音 u [u] 的方向滑升。发音过程中，舌位先降后升，由前到后，曲折幅度较大。唇形从央（略后）元音 [ə] 逐渐圆唇。

> **提示**
>
> 复合元音 iou 在阴平（第一声）和阳平（第二声）的音节里，中间的元音（韵腹）弱化，甚至接近消失，舌位动程主要表现为前后的滑动，成为 [iu]。如：刘 [liu]、求 [tɕ'iu]。这是汉语拼音 iou 省写为 iu 的依据和原因。这种音变是随着声调自然变化的。

字词训练

久留（jiǔ liú）	牛油（niú yóu）	求救（qiú jiù）
绣球（xiù qiú）	优秀（yōu xiù）	悠久（yōu jiǔ）
舅舅（jiù jiu）	酒友（jiǔ yǒu）	旧友（jiù yǒu）

绕口令训练

一葫芦酒九两六，一葫芦油六两九。六两九的油要换九两六的酒，九两六的酒不换六两九的油。

uɑi［uai］

由圆唇的后高元音u开始，舌位向前滑降到前低不圆唇元音i(“前ɑ”)，然后再向前高不圆唇元音i的方向滑升。舌位动程先降后升，由后到前，曲折幅度较大。唇形从前元音ɑ逐渐展唇。

字词训练

外快（wɑ̀i kuɑ̀i）	怀揣（huɑ́i chuɑ̄i）	怪话（guɑ̀i huɑ̀）
乖乖（guɑ̄i guɑi）	摔坏（shuɑ̄i huɑ̀i）	拐带（guɑ̌i dɑ̀i）

绕口令训练

老歪怀揣外快，生拉硬拽老乖。老歪老乖摔倒，双双摔坏外踝。

uei［uei］

由后高圆唇元音u开始，舌位向前向下滑到前半高不圆唇元音e偏后靠下的位置（相当于央元音［ə］偏前的位置），然后再向前高不圆唇元音i的方向滑升。发音过程中，舌位先降后升，由后到前，曲折幅度较大。唇形从e逐渐展唇。

> **提示**
>
> 复合元音uei在音节中受声母和声调的影响，中间的元音（韵腹）弱化或接近消失，这是汉语拼音uei省写为ui的依据和原因。这种音变是随着声母和声调的条件变化，语音训练中不必过于强调。

字词训练

垂危（chuí wēi）　归队（guī duì）　追悔（zhuī huǐ）
悔罪（huǐ zuì）　推诿（tuī wěi）　摧毁（cuī huǐ）

绕口令训练

科学出智慧，迷信生愚昧。好高骛远要追悔，苦心钻研增智慧。

（5）复合韵母发音时出现的主要问题及解决办法。

问题

某些方言区的人们在练习复韵母的发音时，对于区分普通话复韵母的宽窄会感到困难。

解决办法

复韵母的宽窄指的是复韵母发音过程中舌位动程大小之间的对比关系。在每一对有宽窄对比关系的韵母中，它们的舌位动程的运动方向是相近或相似的，它们之间的区分主要在韵腹元音音素的舌位高低，即口腔开度大小的对比上。复韵母中有宽窄对比关系的共有6对：ɑi ~ ei、ɑo ~ ou、iɑ ~ ie、uɑ ~ uo、iɑo ~ iou、uɑi ~ uei。

区分练习

ai~ei

白匪（bái fěi）　白费（bái fèi）
败北（bài běi）　代培（dài péi）
海内（hǎi nèi）　暧昧（ài mèi）
采煤（cǎi méi）　栽培（zāi péi）
败类（bài lèi）

ao~ou

稿酬（gǎo chóu）　矛头（máo tóu）
招手（zhāo shǒu）　遭受（zāo shòu）
保守（bǎo shǒu）　包头（bāo tóu）
报酬（bào chóu）　倒手（dǎo shǒu）
皓首（hào shǒu）

ia~ie

家业（jiā yè）　佳节（jiā jié）
假借（jiǎ jiè）　嫁接（jià jiē）
押解（yā jiè）　下界（xià jiè）
夏夜（xià yè）　下野（xià yě）
掐捏（qiā niē）

ua~uo

花朵（huā duǒ）　挂果（guà guǒ）
华佗（huà tuó）　滑脱（huá tuō）
瓜果（guā guǒ）　跨国（kuà guó）
话说（huà shuō）　划过（huá guò）
花托（huā tuō）

iao~iou

要求（yāo qiú） 交流（jiāo liú）
郊游（jiāo yóu） 交友（jiāo yǒu）
料酒（liào jiǔ） 表舅（biǎo jiù）
调酒（tiáo jiǔ） 漂流（piāo liú）
票友（piào yǒu）

uai~uei

怪罪（guài zuì） 快慰（kuài wèi）
快嘴（kuài zuǐ） 衰退（shuāi tuì）
外汇（wài huì） 外围（wài wéi）
怪味（guài wèi） 淮水（huái shuǐ）
衰微（shuāi wēi）

3. 复合鼻尾音韵母的发音

（1）什么是复合鼻尾音韵母。

复合鼻尾音韵母简称鼻韵母，是由 1 个或 2 个元音后面带上鼻辅音 n、ng 组成前鼻音和后鼻音两类。发音时，发音器官由元音的发音状态向鼻音的发音状态逐渐变化，软腭小舌下垂，鼻腔通路打开，最后完全变成鼻音。

（2）鼻韵母的分类。

普通话里带鼻音的韵母共有 16 个，可以分为带舌尖鼻音 n 和带舌根鼻音 ng 两类。

带舌尖鼻音的韵母（前鼻音）有 8 个：an、en、ian、in、uan、uen、üan、ün。发鼻韵尾 n 时，舌尖不能放在两齿中间，要放到上齿龈。

带舌根鼻音的韵母（后鼻音）有 8 个：ang、eng、ing、ong、iang、uang、ueng、iong。在以上后鼻音韵母中，a、o、e、i 是韵腹，ng 是韵尾。

（3）鼻韵母的发音特点。

鼻韵母发音时，在由元音舌位向鼻辅音韵尾移动时，元音音素发音的后半段由于受到后面鼻辅音的影响，会出现一段较短的半鼻化作为过渡的过程。这是语音结合过程中必然出现的现象。由于鼻辅音所处的位置在韵尾，所以，在发鼻韵母时呼出气流要减弱。

（4）鼻韵母的发音要领及训练。

在发鼻韵母时，要注意强调体会鼻尾音的发音和听觉感觉的性质，不能丢掉鼻尾音，更不能把鼻尾音直接发成鼻化元音。特别需要强调的是，在发鼻韵母时，不管是发前鼻音韵母还是后鼻音韵母，都是软腭下垂，鼻腔通路打开的。

① 前鼻音韵母（-n）的发音要领及训练。

ɑn [an]

起点元音是前低不圆唇元音 ɑ [ɑ]，舌尖抵住下齿背，舌面前部隆起，舌位降到最低，软腭上升，关闭鼻腔通路。发“前 ɑ”之后，软腭下降，打开鼻腔通路，同时舌面前部与硬腭前部闭合，使在口腔受到阻碍的气流从鼻腔里透出。口形开合度由大渐小，舌位动程较大。

字词训练

参战（cān zhàn）	反感（fǎn gǎn）	烂漫（làn màn）
谈判（tán pàn）	坦然（tǎn rán）	赞叹（zàn tàn）

绕口令训练

小安小谭去投弹，小安不安打寒战，小谭坦然投出弹，小安心里真感叹。

en [ən]

起点元音是央元音 e [ə]，舌位居中（不高不低不前不后），舌尖接触下齿背，舌面隆起部位受韵尾影响略靠前，软腭上升，关闭鼻腔通路。发央元音 e 之后，软腭下降，打开鼻腔通路，同时舌面前部与硬腭前部闭合，使在口腔受到阻碍的气流从鼻腔里透出，口形开合度由大渐小，舌位动程较小。

字词训练

认真（rèn zhēn）	瘟神（wēn shén）	文身（wén shēn）
根本（gēn běn）	门诊（mén zhěn）	人参（rén shēn）

绕口令训练

小陈去卖针，小沈去卖盆。俩人挑着担，一起出了门。小陈喊卖针，小沈喊卖盆。也不知是谁卖针，也不知是谁卖盆。

in [in]

起点元音是前高不圆唇元音 i，舌尖抵住下齿背，软腭上升，关闭鼻腔通路。发舌位最高的前元音 i 之后，软腭下降，打开鼻腔通路，同时舌面前部与硬腭前部关闭，使在口腔受到阻碍的气流，从鼻腔透出。开口度始终很小，几乎没有变化，舌位动程很小。

字词训练

紧邻（jǐn lín）	拼音（pīn yīn）	信心（xìn xīn）
辛勤（xīn qín）	引进（yǐn jìn）	濒临（bīn lín）
临近（lín jìn）	亲民（qīn mín）	贫民（pín mín）

绕口令训练

你也勤来我也勤，生产同心土变金。

工人农民亲兄弟，心心相印团结紧。

ün［yn］

起点元音是前高圆唇元音 ü。与 in 的发音状况只是唇形变化不同。唇形从 ü 开始逐步展开，而 in 始终展唇。

字词训练

循循（xún xún）　熏晕（xūn yūn）　军裙（jūn qún）
军训（jūn xùn）　均匀（jūn yún）　芸芸（yún yún）

绕口令训练

军车运来一堆裙，一色军用绿色裙。军训女生一大群，换下花裙换绿裙。

ian［iɛn］

发音时，从前高元音 i 开始，舌位向前低元音 a（“前 a”）的方向滑降。舌位只降到前次低元音［æ］的位置就开始升高，直到舌面前部抵住硬腭前部形成鼻音 -n。

字词训练

简便（jiǎn biàn）　渐变（jiàn biàn）　先见（xiān jiàn）
减免（jiǎn miǎn）　前天（qián tiān）　田间（tián jiān）

绕口令训练

半边莲，莲半边，半边莲长在山涧边。半边天路过山涧边，发现这片半边莲。半边天拿来一把镰，割了半筐半边莲。半筐半边莲，送给边防连。

uɑn [uan]

发音时，从圆唇的后高元音 u 开始，口形迅速由合口变为开口，舌位向前迅速滑降到不圆唇的前低元音“前 ɑ”；然后舌位升高，直到舌位前部抵住硬腭前部形成鼻音 -n。

字词训练

贯穿（guàn chuān） 官船（guān chuán） 软缎（ruǎn duàn）
专款（zhuān kuǎn） 婉转（wǎn zhuǎn） 玩转（wán zhuàn）

绕口令训练

大帆船，小帆船，竖起桅杆撑起船。
风吹帆，帆引船，帆船顺风转海湾。

uen [uən]

发音时，从圆唇的后高元音 u 开始，向央元音 e [ə] 滑降，然后舌位升高，直到舌位前部抵住硬腭前部形成鼻音 -n。唇形由圆唇在向折点元音的滑动过程中逐步展唇。鼻韵母 uen 受声母和声调的影响，中间的元音（韵腹）弱化。它的音变条件与 uei 相同。

字词训练

温存（wēn cún） 昆仑（kūn lún） 馄饨（hún tun）
春笋（chūn sǔn） 困顿（kùn dùn） 伦敦（lún dūn）

绕口令训练

孙村温村过新春，春雷一声响昆仑。
竹林怀春出春笋，春联春雨处处春。

üan［yan］

发音时，从圆唇的前高元音 ü 开始，向前低元音“前 a”的方向滑降。舌位只降到前次低元音［æ］略后就开始升高，直到舌面前部抵住硬腭前部形成鼻音 -n。唇形由圆唇在向折点元音的滑动过程中逐渐展唇。

字词训练

源泉（yuán quán）	轩辕（xuān yuán）	圆圈（yuán quān）
渊源（yuān yuán）	全权（quán quán）	涓涓（juān juān）

绕口令训练

圆圈圆，圈圆圈，圆圆娟娟画圆圈。
娟娟画的圈连圈，圆圆画的圈套圈。
娟娟圆圆比圆圈，看看谁的圆圈圆。

② 后鼻音（-ng）的发音要领及训练。

ang［aŋ］

起点元音是后低不圆唇元音 a［ɑ］，口开度最大，舌尖离开下齿背，舌体后缩，软腭上升，关闭鼻腔通路。发“后 a”之后，软腭下降，打开鼻腔通路，同时舌面后部与软腭闭合，使在口腔受到阻碍的气流从鼻腔里透出，开口度由大渐小，舌位动程较大。

字词训练

商场（shāng chǎng） 上当（shàng dàng） 账房（zhàng fáng）
苍茫（cāng máng） 放荡（fàng dàng） 沧桑（cāng sāng）

绕口令训练

长城长，城墙长，长长长城长城墙，城墙长长城长长。

eng［əŋ］

起点是后半高不圆唇元音 e［ə］，口半闭，展唇，舌尖离开下齿背，舌体后缩，舌面后部隆起，比发单元音 e［ə］的舌位略低，软腭上升，关闭鼻腔通路。发 e 之后，软腭下降打开鼻腔通路。同时，舌面后部与软腭闭合，使在口腔受到阻碍的气流从鼻腔里透出。

字词训练

风声（fēng shēng） 丰盛（fēng shèng） 风筝（fēng zheng）
更正（gēng zhèng） 征程（zhēng chéng） 逞能 (chěng néng)

绕口令训练

郑政捧着盏台灯，彭澎扛着架屏风，彭澎让郑政扛屏风，郑政让彭澎捧台灯。

ing［iŋ］

起点元音是前高不圆唇元音 i，舌尖抵住下齿背，舌面前部隆起，软腭上升，关闭鼻腔通路。发 i 之后，软腭下降，打开鼻腔通路，同时舌面后部与软腭闭合，使在口腔受到阻碍的气流从鼻腔透出，口形变化不大。

字词训练

经营（jīng yíng） 命令（mìng lìng） 姓名（xìng míng）
明镜（míng jìng） 精灵（jīng líng） 平静（píng jìng）

绕口令训练

天上七颗星，树上七只鹰，梁上七个钉，台上七盏灯。拿扇扇了灯，用手拔了钉，举枪打了鹰，乌云盖了星。

ong［uŋ］

起点元音是比后高圆唇元音 u 舌位略低的［u］，舌尖离开下齿背，舌后缩，舌根稍隆起，贴向软腭，当两者将要接触时，软腭下降，鼻腔通路打开，紧接着，舌根与软腭接触，关闭口腔通路，使受阻气流从鼻腔透出，发音时，口形始终拢圆，变化不明显。

字词训练

通红（tōng hóng） 洪钟（hóng zhōng） 空洞（kōng dòng）
共同（gòng tóng） 恐龙（kǒng lóng） 隆重（lóng zhòng）

绕口令训练

冲冲栽了十畦葱，松松栽了十棵松。冲冲说栽松不如栽葱，松松说栽葱不如栽松。是栽松不如栽葱，还是栽葱不如栽松。

iang［iaŋ］

发音时，从前高元音 i 开始，舌位向后滑降到后低元音 ɑ［ɑ］，然后舌位升高，接续鼻音 -ng。

字词训练

响亮（xiǎng liàng）	相像（xiāng xiàng）	洋相（yáng xiàng）
香江（xiāng jiāng）	襄阳（xiāng yáng）	亮相（liàng xiàng）

绕口令训练

杨家养了一只羊，蒋家修了一道墙。杨家的羊撞倒了蒋家的墙，蒋家的墙压死了杨家的羊。杨家要蒋家赔杨家的羊，蒋家要杨家赔蒋家的墙。

uang［uaŋ］

起点元音为后高圆唇元音 u，舌位下降到“后 ɑ”，然后舌位升高，接续鼻音 -ng。其间唇形由圆渐渐变平展。

字词训练

双簧（shuāng huáng）	装潢（zhuāng huáng）	王庄（wáng zhuāng）
网状（wǎng zhuàng）	状况（zhuàng kuàng）	狂妄（kuáng wàng）

绕口令训练

那边划来一艘船，这边漂去一张床，船床河中互相撞，不知床撞船，还是船撞床。

ueng［uəŋ］

发音时，从圆唇的后高元音 u 开始，舌位滑落到后半高元音 e［ə］的位置，然后舌位升高，接续鼻音 -ng。在普通话里，韵母 ueng 只有一种零声母的音节形式 weng。

字词训练

水瓮（shuǐ wèng）　　老翁（lǎo wēng）　　渔翁（yú wēng）

绕口令训练

老翁卖酒老翁买，老翁买酒老翁卖。

iong［yŋ］

发音时，从前高元音 i 开始，舌位向后略向下滑动到后次高圆唇元音［u］的位置，然后舌位升高，接续鼻音 -ng。由于受后面圆唇元音的影响，开始的前高元音 i 也带上了圆唇色彩，而近似 ü［y］。

字词训练

炯炯（jiǒng jiǒng）　　汹涌（xiōng yǒng）　　熊熊（xióng xióng）

绕口令训练

小涌勇敢学游泳，勇敢游泳是英雄。

（5）鼻韵母发音时常出现的主要问题和解决办法。

问题　鼻韵母发音不准和前后鼻音不分是许多人在说普通话时常常出现的问题，这个问题不仅在南方人当中比较普遍，在北方人说话时也常常出现。

解决办法

在普通话中，前后鼻音韵母有辨义作用，所以，首先要发音准确。元音接续鼻尾音的过程，是由舌面前部或舌根抬起来完成的，不可以用下腭的运动，改变口腔开度来完成鼻韵母的发音。其次，需要明确的是，在普通话中，鼻辅音 n 既可以做声母，又可以做韵尾，当 n 做韵尾时，发音部位比 n 做声母时候的发音部位要稍偏后一些。

辨音训练

前后鼻韵母有对应关系的一共有 7 组：

an ~ ang　en ~ eng　in ~ ing　ian ~ iang　uan ~ uang　ün ~ iong　uen ~ ueng（ong）

an~ang

反问（fǎn wèn）　~　访问（fǎng wèn）
赞颂（zàn sòng）　~　葬送（zàng sòng）
天坛（tiān tán）　~　天堂（tiān táng）
担心（dān xīn）　~　当心（dāng xīn）
产房（chǎn fáng）　~　厂房（chǎng fáng）
不看（bù kàn）　~　不亢（bù kàng）

en~eng

人参（rén shēn） ~ 人生（rén shēng）
纷纭（fēn yún） ~ 风云（fēng yún）
清真（qīng zhēn） ~ 清蒸（qīng zhēng）
瓜分（guā fēn） ~ 刮风（guā fēng）
长针（cháng zhēn） ~ 长征（cháng zhēng）
粉刺（fěn cì） ~ 讽刺（fěng cì）

in~ing

辛勤（xīn qín） ~ 心情（xīn qíng）
信服（xìn fú） ~ 幸福（xìng fú）
金银（jīn yín） ~ 经营（jīng yíng）
亲近（qīn jìn） ~ 清净（qīng jìng）
亲身（qīn shēn） ~ 轻声（qīng shēng）
心细（xīn xì） ~ 星系（xīng xì）

ian~iang

沿线（yán xiàn） ~ 洋相（yáng xiàng）
钳制（qián zhì） ~ 强制（qiáng zhì）
简历（jiǎn lì） ~ 奖励（jiǎng lì）
简章（jiǎn zhāng） ~ 奖章（jiǎng zhāng）
廉价（lián jià） ~ 粮价（liáng jià）
岩浆（yán jiāng） ~ 阳间（yáng jiān）

uan~uang

新欢（xīn huān） ~ 心慌（xīn huāng）
栓剂（shuān jì） ~ 双季（shuāng jì）
专车（zhuān chē） ~ 装车（zhuāng chē）

关节 (guān jié)	~	光洁（guāng jié ）
车船（chē chuán ）	~	车床（chē chuáng ）
机关（jī guān ）	~	激光（jī guāng ）

uen~ueng (ong)

炖肉（dùn ròu ）	~	冻肉（dòng ròu ）
吞并（tūn bìng ）	~	通病（tōng bìng ）
轮子（lún zi ）	~	聋子（lóng zi ）
存钱（cún qián ）	~	从前（cóng qián ）
乡村（xiāng cūn ）	~	香葱（xiāng cōng ）

ün~iong

晕车（yūn chē ）	~	用车（yòng chē ）
音讯（yīn xùn ）	~	英雄（yīng xióng ）
人群（rén qún ）	~	人穷（rén qióng ）
寻机（xún jī ）	~	雄鸡（xióng jī ）
勋章（xūn zhāng ）	~	胸章（xiōng zhāng ）

五、韵母按四呼进行分类及发音练习

1.“四呼”分类

韵母按四呼进行分类，是按汉语语言特点进行的一种分类。可以按韵母开头的元音和发音口型不同分为开口呼、齐齿呼、合口呼和撮口呼四类，简称“四呼”。

开口呼

指没有韵头，韵腹又不是 i、u、ü 的韵母。普通话中有 15 个韵母属开口呼，分别是 ɑ、o、e、ɑi、ei、ɑo、ou、ɑn、en、ɑng、eng、ê、-i（前）、-i（后）、er。

齐齿呼

指韵头或韵腹是 i 的韵母。普通话中有 9 个韵母属齐齿呼，分别是：i、iɑ、ie、iɑo、iou、iɑn、in、ing、iɑng。

合口呼

指韵头或韵腹是 u 的韵母。普通话中有 10 个韵母属合口呼，分别是：u、uɑ、uo、uɑi、uei、uɑn、uen、ong、uɑng、ueng。

撮口呼

指韵头或韵腹是 ü 的韵母。普通话中有 5 个韵母属撮口呼，分别是：ü、üe、üɑn、ün、iong。

提示

① ong 中的韵腹 o 并不是单元音 o，实际发音在 u、o 之间，舌位比 u 略低，所以，韵母 ong 在按四呼分类时，归入合口呼韵母。

② iong 中的 i 在实际发音时和以 ü 开始的韵母没有太大差别，传统的汉语语音学把 iong 归属撮口呼。

2.“四呼”发音训练

在“四呼”中，齐齿呼和撮口呼韵母是发音时唇形展、撮对比最为明显的两类韵母，特别是在相邻音节中交替出现的时候，更需要双唇展、撮运动的灵活性，这对普通话学习者提高发音质量、避免误读引发歧义具有重要的意义。

i ~ ü

妻（qī）～区（qū）	骑（qí）～渠（qú）
起（qǐ）～取（qǔ）	气（qì）～去（qù）
吸（xī）～需（xū）	席（xí）～徐（xú）
里（lǐ）～旅（lǚ）	你（nǐ）～女（nǚ）
离（lí）～驴（lǘ）	利（lì）～率（lǜ）
衣（yī）～淤（yū）	移（yí）～鱼（yú）
椅（yǐ）～语（yǔ）	意（yì）～遇（yù）
鸡（jī）～居（jū）	急（jí）～局（jú）
挤（jǐ）～举（jǔ）	寄（jì）～锯（jù）

ü ~ i

名义（míng yì）	～	名誉（míng yù）
比翼（bǐ yì）	～	比喻（bǐ yù）
里程（lǐ chéng）	～	旅程（lǚ chéng）
经济（jīng jì）	～	京剧（jīng jù）
前面（qián miàn）	～	全面（quán miàn）
分期（fēn qī）	～	分区（fēn qū）
容易（róng yì）	～	荣誉（róng yù）
季节（jì jié）	～	拒绝（jù jué）

办理（bàn lǐ）	~	伴侣（bàn lǚ）
得意（dé yì）	~	德育（dé yù）
适宜（shì yí）	~	适于（shì yú）
雨季（yǔ jì）	~	雨具（yǔ jù）
书籍（shū jí）	~	书局（shū jú）
大姨（dà yí）	~	大鱼（dà yú）
实际（shí jì）	~	实据（shí jù）
戏曲（xì qǔ）	~	序曲（xù qǔ）

ie ~ üe

耶（yē）~约（yuē）	些（xiē）~靴（xuē）
列（liè）~掠（lüè）	涅（niè）~虐（nüè）
节（jié）~决（jué）	界（jiè）~倔（juè）
茄（qié）~瘸（qué）	写（xiě）~雪（xuě）
夜（yè）~月（yuè）	鞋（xié）~学（xué）

üe ~ ie

学会（xué huì）	~	协会（xié huì）
月色（yuè sè）	~	夜色（yè sè）
确实（què shí）	~	切实（qiè shí）
月月（yuè yuè）	~	夜夜（yè yè）
大雪（dà xuě）	~	大写（dà xiě）
瘸子（qué zi）	~	茄子（qié zi）

in ~ ün

今（jīn）~ 军（jūn）	进（jìn）~ 俊（jùn）
信（xìn）~ 讯（xùn）	因（yīn）~ 晕（yūn）
银（yín）~ 云（yún）	隐（yǐn）~ 允（yǔn）

ün ~ in

军（jūn） ~ 金（jīn）
熏（xūn） ~ 心（xīn）
训（xùn） ~ 信（xìn）
群（qún） ~ 秦（qín）
晕（yūn） ~ 音（yīn）
骏（jùn） ~ 进（jìn）

---

ing ~ iong

英（yīng） ~ 拥（yōng）
影（yǐng） ~ 蛹（yǒng）
硬（yìng） ~ 用（yòng）
玲（líng） ~ 龙（lóng）
宁（níng） ~ 农（nóng）
情（qíng） ~ 穷（qióng）
星（xīng） ~ 兄（xiōng）
形（xíng） ~ 雄（xióng）

---

ian ~ üan

烟（yān） ~ 渊（yuān）
盐（yán） ~ 原（yuán）
眼（yǎn） ~ 远（yuǎn）
厌（yàn） ~ 怨（yuàn）
尖（jiān） ~ 捐（juān）
欠（qiàn） ~ 倦（juàn）
铅（qiān） ~ 圈（quān）
鲜（xiān） ~ 宣（xuān）
钱（qián） ~ 劝（quàn）

第四章
普通话声调发音训练

我们来看这样一组例词：

潜水（qián shuǐ） ~ 浅水（qiǎn shuǐ）

汉语（hàn yǔ） ~ 韩语（hán yǔ）

美国（měi guó） ~ 煤国（méi guó）

小姐（xiǎo jiě） ~ 小结（xiǎo jié）

同意（tóng yì） ~ 统一（tǒng yī）

指导（zhǐ dǎo） ~ 知道（zhī dào）

保卫（bǎo wèi） ~ 包围（bāo wéi）

火车（huǒ chē） ~ 货车（huò chē）

鼓励（gǔ lì） ~ 孤立（gū lì）

跳动（tiào dòng） ~ 挑动（tiǎo dòng）

从以上这些词汇中可以看出什么呢？我们可以发现以上这些词汇的声、韵都是一样的，只是由于声调的不同，导致词义完全不同。

一、声调和声调的作用

1. 什么是声调

大家都知道，在我们汉语普通话中，一个方块汉字就是一个音节。音节是汉语中最小的使用单位，也是汉语的基本结构单位。而音节的构成有三种要素，就是声、韵、调。普通话音节四声的变化，就是声调的变化。这种变化表现出音节高低、升降、曲直、长短的变化，而声调的变化则是由声带的颤动频率决定的。一句话，声带颤动频率的高低、升降、曲直、长短的变化就是声调。

在我们汉语普通话中，声调虽然属于整个音节，但主要在韵腹上集中表现出来。如果说声、韵是音节的骨头，声调就是一个音节的血肉。我们要想发好一个音节的读音，就必须把声、韵、调三者结合起来，忽略了声调，就会词义不明。同时声调如果发不准、发不好，也就失去了汉语的特点，显露不出汉语特有的抑、扬、顿、挫的音乐美。

世界上的语言可以分成两大类，一类叫声调语言，如汉语及许多汉藏语系的其他语言，以及非洲地区的一些语言。另一类叫非声调语言，如英、法、德、俄等欧洲国家以及美国、加拿大等美洲国家的语言。通常来讲，语言中声调数量越多，音节的数量往往就越少。如英语有两三千个音节，而汉语带调音节仅有 1250 多个。

2. 声调的作用

（1）声调可以纯正字音，区别词义。

（2）声调可以表现出汉语的特点，表现抑、扬、顿、挫的音乐美。

（3）声调可以帮助调节气息。我们可以根据声调高扬转降不同的音势，掌握用气的方法，可使气息灵活自如，强弱适度。比如，高音不好，可以练习上升的调（如：阳平、上声）；低音不好，可以练习下降的调（如：去声）。从中可以训练气息、控制气息、变化气息。

二、调类和调值

1. 调类

调类指的是对声调的分类。调类只代表汉语声调的种类，而不表示声调的实际读法。普通话声调可分为4类，分别是阴平、阳平、上声、去声。例如：

阴平 ˉ 声、音、光、发……

阳平 ˊ 明、台、阳、人……

上声 ˇ 里、网、把、起……

去声 ˋ 电、望、泰、力……

2. 调值

调值也叫调形，指的是声调高低、升降、曲直的变化，也就是声调的实际读法。

调值通常采用五度标记法记录。用一条竖线表示声音的高低，由下面最低点到最高点共分为五度，即低、半低、中、半高、高，分别用1、2、3、4、5依次表示。

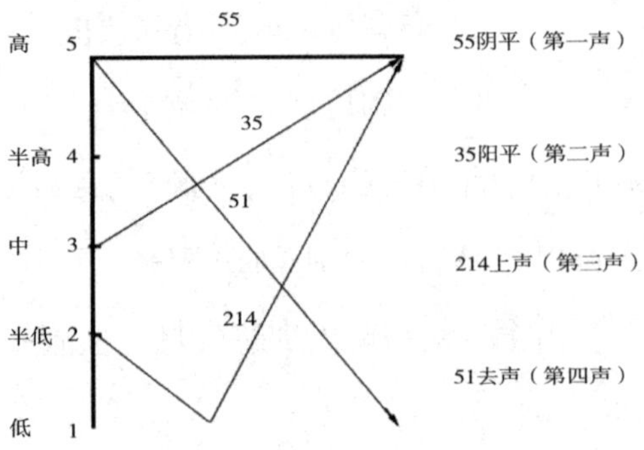

声调发音图

声调的高低和音乐中音阶的高低是有区别的。同样是音高的变化，音乐中音阶的音高变化是绝对的，而声调的音高变化是相对的，不要求音高频率的绝对值。由于每一个人的嗓音条件各不相同，每人声音的音域也是不一样的，声调高低并不是要求人人发的声调同样高，或同样低。相对来说，我们中国人声音清脆、明亮、高扬，声音较高；外国人，主要是欧洲人、美洲人、非洲人声音浑厚、低沉，声音较低。同样是中国人，小孩和女性声带短、薄，声音就高；老人和男性声带长、厚，声音就低，但这并不影响我们把声调发到位。要深刻了解相对音高的意义，这就是在个人有限的音域范围内做到音调高低升降的有序变化，并将这种有序变化落实到位。这样我们就会更好地掌握声调和利用声调去练习自己的声音，纠正自己的字音，使自己的发音更加符合普通话语音规范要求。经过系统的学习和科学的训练，方言区的人们和外国人一样可以说好普通话。

三、普通话声调发音要领

阴平：高平调，调形为【˥55】。声带绷到最紧，始终没有变化，保持高音。

发音例字：

装（zhuāng） 方（fāng） 编（biān） 端（duān） 当（dāng）

宣（xuān） 酸（suān） 挑（tiāo） 欢（huān） 亏（kuī）

阳平：高升调，调形为【˧˥35】。发音时，声带从不松不紧开始，逐渐绷紧，到最紧为止，声音由不低不高升到最高。

发音例字：

全（quán） 人（rén） 情（qíng） 棉（mián） 常（cháng）

年（nián） 然（rán） 怀（huái） 连（lián） 圆（yuán）

上声：降升调，调形为【˨˩˦214】。发音时，声带从略微有些紧张开始，立刻松弛下来，稍稍延长，然后迅速绷紧，但没有绷到最紧。发音过程中，声音主要表现在低音段1—2度之间，这成为上声的基本特征。上声的音长在普通话4个声调中是最长的。

发音例字：

闯（chuǎng）　秒（miǎo）　写（xiě）　脸（liǎn）　惹（rě）

广（guǎng）　扁（biǎn）　九（jiǔ）　碾（niǎn）　抚（fǔ）

去声：全降调，调形为【$\vee^{51}$】。发音时，声带从紧开始，到完全松弛为止。声音由高到低。去声的音长在普通话4个声调中是最短的。

发音例字：

浪（làng）　辣（là）　片（piàn）　卖（mài）　换（huàn）

面（miàn）　热（rè）　掉（diào）　话（huà）　去（qù）

四、普通话声调训练

1. 同声韵四声音节训练

提示

本节既练习声调，也练习声母、韵母的发音。注意四声调值要准确。

双唇音：b、p、m

巴（bā）　拔（bá）　把（bǎ）　爸（bà）

泼（pō）　婆（pó）　叵（pǒ）　迫（pò）

妈（mā）　麻（má）　马（mǎ）　骂（mà）

唇齿音：f

帆（fān） 凡（fán） 反（fǎn） 饭（fàn）

舌尖中音：d、t、n、l

搭（dā） 达（dá） 打（dǎ） 大（dà）

滩（tān） 谈（tán） 坦（tǎn） 碳（tàn）

妮（nī） 泥（ní） 你（nǐ） 腻（nì）

勒（lēi） 雷（léi） 磊（lěi） 累（lèi）

舌根音：g、k、h

歌（gē） 格（gé） 葛（gě） 个（gè）

科（kē） 壳（ké） 渴（kě） 课（kè）

呼（hū） 湖（hú） 虎（hǔ） 户（hù）

舌面音：j、q、x

居（jū） 局（jú） 举（jǔ） 具（jù）

七（qī） 奇（qí） 起（qǐ） 气（qì）

先（xiān） 闲（xián） 显（xiǎn） 线（xiàn）

翘舌音：zh、ch、sh、r

猪（zhū） 竹（zhú） 主（zhǔ） 住（zhù）

吃（chī） 池（chí） 齿（chǐ） 赤（chì）

奢（shē） 蛇（shé） 舍（shě） 设（shè）

嚷（rāng） 瓤（ráng） 壤（rǎng） 让（ràng）

平舌音：z、c、s

遭（zāo） 凿（záo） 早（zǎo） 造（zào）

猜（cāi） 才（cái） 彩（cǎi） 菜（cài）

虽（suī） 随（suí） 髓（suǐ） 岁（suì）

开口音

包（bāo） 雹（báo） 宝（bǎo） 报（bào）

搂（lōu） 楼（lóu） 篓（lǒu） 漏（lòu）

掰（bāi）	白（bái）	百（bǎi）	拜（bài）
威（wēi）	唯（wéi）	伟（wěi）	喂（wèi）

齐齿音

家（jiā）	夹（jiá）	甲（jiǎ）	价（jià）
接（jiē）	结（jié）	解（jiě）	界（jiè）

合口音

欢（huān）	环（huán）	缓（huǎn）	换（huàn）
乌（wū）	吴（wú）	五（wǔ）	物（wù）

撮口音

淤（yū）	鱼（yú）	雨（yǔ）	玉（yù）
薛（xuē）	学（xué）	雪（xuě）	穴（xuè）

2. 双音节声调训练

> **提示**
>
> 双音节声调训练要结合气息一起练，尤其是夸张的上声练习。

（1）阴阴：

播音（bō yīn）　　西安（Xī'ān）

香蕉（xiāng jiāo）　　江山（jiāng shān）

（2）阴阳：

资源（zī yuán）　　中华（zhōng huá）

新闻（xīn wén）　　发言（fā yán）

（3）阴上：

歌舞（gē wǔ）　　方法（fāng fǎ）

发展（fā zhǎn） 听讲（tīng jiǎng）

（4）阴去：

中外（zhōng wài） 单位（dān wèi）

播送（bō sòng） 音乐（yīn yuè）

（5）阳阴：

国歌（guó gē） 长江（cháng jiāng）

航空（háng kōng） 红花（hóng huā）

（6）阳阳：

人民（rén mín） 团结（tuán jié）

儿童（ér tóng） 联合（lián hé）

（7）阳上：

华北（huá běi） 黄海（huáng hǎi）

平坦（píng tǎn） 皮袄（pí'ǎo）

（8）阳去：

革命（gé mìng） 林业（lín yè）

球赛（qiú sài） 豪迈（háo mài）

（9）上阴：

北京（běi jīng） 广播（guǎng bō）

统一（tǒng yī） 讲师（jiǎng shī）

（10）上阳：

考察（kǎo chá） 朗读（lǎng dú）

谴责（qiǎn zé） 普及（pǔ jí）

（11）上上：

导演（dǎo yǎn） 总理（zǒng lǐ）

友好（yǒu hǎo） 北海（běi hǎi）

（12）上去：

土地（tǔ dì） 舞剧（wǔ jù）

访问（fǎng wèn）　　考试（kǎo shì）

（13）去阴：

卫星（wèi xīng）　　列车（liè chē）

气温（qì wēn）　　贵宾（guì bīn）

（14）去阳：

自然（zì rán）　　电台（diàn tái）

会谈（huì tán）　　政权（zhèng quán）

（15）去上：

剧本（jù běn）　　下雨（xià yǔ）

外语（wài yǔ）　　历史（lì shǐ）

（16）去去：

证券（zhèng quàn）　　宴会（yàn huì）

建造（jiàn zào）　　质量（zhì liàng）

3. 四字词声调训练

> **提示**
>
> 这组四字词的声调训练，可以锻炼灵活运用四声正音的技巧。训练的时候，气息要控制好，大声、一口气，响亮、通畅地发出来。

阴阳上去（yīn yáng shǎng qù）　　风调雨顺（fēng tiáo yǔ shùn）

非常好记（fēi cháng hǎo jì）　　千锤百炼（qiān chuí bǎi liàn）

精神百倍（jīng shén bǎi bèi）　　山河美丽（shān hé měi lì）

4. 古诗词训练

（1）阴平声训练。

> **提示**
>
> 阴平声一开始在 5 度位置上，保持不变。如果出现两个阴平连在一起的情况，可将前一个阴平稍稍降低一点，后边的阴平在 5 度位置上，保持不变。

望庐山瀑布

日照香炉生紫烟，遥看瀑布挂前川。

飞流直下三千尺，疑是银河落九天。

（2）阳平声训练。

> **提示**
>
> 阳平声开始在 3 度的位置上，然后滑动直线上移，如果出现两个阳平声相连的情况，要注意前边的一个阳平不能拐弯。

登鹳雀楼

白日依山尽，黄河入海流。

欲穷千里目，更上一层楼。

（3）上声训练。

> **提示**
>
> 上声开始在 2 度的位置上，然后向下滑降到 1 度，接着从 1 度折转滑向 4 度。如果出现两个上声相连的情况，前面的上声要变成阳平调，后面的上声保持不变。

春　晓

春眠不觉晓，处处闻啼鸟。
夜来风雨声，花落知多少。

（4）去声训练。

> **提示**
>
> 去声一开始在 5 度的位置上，然后向下滑降到 1 度。如果出现两个去声相连的情况，前边一个去声可以下降到 2 度的位置上，但后边的一个去声，必须滑降到 1 度。

登幽州台歌

前不见古人，后不见来者。
念天地之悠悠，独怆然而涕下。

五、普通话声调发音容易出现的问题及解决办法

问题

普通话声调在发音过程中容易出现的问题一般在于：阴平调值不够高，阳平拐弯上不去，上声硬拐弯，去声下不来。

解决办法

（1）阴平：起音高平莫低昂，气势平均不紧张。发元音 / ā / 体会。

（2）阳平：从中起音向上扬，用气弱起逐渐强。发元音 / á / 体会。

（3）上声：上声先降转弱挑，降时气稳扬时强。发元音 / ǎ / 体会。

（4）去声：高扬直送向低唱，强起到弱气通畅。发元音 / à / 体会。

声调的准确与否直接影响着汉语普通话的正确与规范。学习普通话出现的方言普通话，学习汉语出现的洋腔洋调、怪腔怪调，都同没有掌握普通话声调的正确发音方法有着直接的关系。普通话上声调是学习普通话的难点，许多外国人说不好普通话，与不能发好上声有很大的关系。其实，如果注意到上声低调的特点，以及上声变调的规律，上声就容易掌握了。声调发得准确，就会解决学习普通话中出现的“方言味儿”、“洋味儿”。

第五章
普通话的语流音变

我们在生活、工作和学习中常常会遇到这样的情况，许多人，特别是来自方言区的人们，通过学习，已经能够按普通话的声、韵、调的要求发好单个音节了。不论是声母、韵母，还是声调，怎么听都没有毛病，但如果你让他（她）读一篇文章，或完整地讲一段话，就会发现情况不一样了。我们发现，能发好单个音节的人们，在把每个音节组合起来连续说或念出来的时候，却不那么标准、规范了。这是什么原因呢？其实，无论我们是在读文章，还是在说话，都不可能单独、孤立地去发每一个音节、读每一个字，而必须是连续发出一串串的音节，形成语流。在语流中，由于音节间的相互影响，一些音节中的声母、韵母或声调会发生语音的变化，我们称之为语流音变。那些能发好单个音节而不能标准、规范地读一篇文章，或完整地讲一段话的人们，就是不能准确地把握音素与音素、音节与音节、声调与声调之间相互影响所产生的语音变化所致。因此，我们要在学习和掌握汉语音节声、韵、调的基础上，准确掌握汉语普通话的语流音变规律。

普通话中最典型的语流音变是轻声、儿化、变调和语气词“啊”的变化。

一、轻声

1. 什么是轻声

普通话的每个音节都有它的声调，可是在我们说话或者念文章的时候，有些字音却常常失去了原有的声调而发成或念成较轻、较短的调子，我们把它称作轻声。

所有的轻声音节发音都变得轻而短，但并非音高都相同。轻声音节在音高上这种差别往往取决于前一个音节声调的高低：

阴平后面的轻声音节念半低调（2度）：哥哥（gē ge）

阳平后面的轻声音节念中调（3度）：回来（huí lai）

上声后面的轻声音节念半高调（4度）：喜欢（xǐ huan）

去声后面的轻声音节念低调（1度）：月亮（yuè liang）

2. 轻声的作用

汉语普通话中的轻声往往有区别词性和词义的作用。例如：

我买了一张电影《地道战》的DVD光盘。

地道：dì dào，地下坑道（名词）

那个外国人北京话说得还挺地道呢。

地道：dì dao，真正的（形容词）

2008北京奥运会主题歌《我和你》的歌词大意是……

大意：dà yì，主要的意思（名词）

你别太大意了。

大意：dà yi，粗心、疏忽（形容词）

还有包涵（bāo han）~包含（bāo hán）、报酬（bào chou）~报仇（bào chóu）、比试（bǐ shi）~笔试（bǐ shì）、东西（dōng xi）~东西（dōng xī），等等。

因此，我们在讲话或读文章时，应当特别注意有些必须读成轻声的音节，以避免造成词义不清，使人产生误解。有些轻声音节虽然不区别词义，但在普通话中也应读轻声，否则会影响语言的流畅和语气的变化。

3. 音节在什么情况下才发轻声（轻声音节出现的规律）

（1）语气词“吧、吗、啊、呢”等。例如：

您去 2008 北京奥运会的鸟巢体育场参观游览过吧（ba），您觉得漂亮吗（ma）？

我上周去的，鸟巢真漂亮啊（a）！

（2）助词“着、了、过、的、地、得、们”等。例如：

在我们（men）的首都北京，盛开着（zhe）许多美丽的（de）鲜花，它装扮着（zhe）城市、净化着（zhe）空气、美化了（le）人们（men）的生活，受到了（le）市民的（de）赞誉。

（3）名词的后缀“子、儿、头”等。例如：

我儿子（ér zi）就是个高，有时笨得就像一根木头（mù tou）柱子（zhù zi）。

（4）重叠式名词、动词的后一个音节。例如：

姐姐（jiě jie）和妹妹（mèi mei），你看看（kàn kan）我，我看看（kàn kan）你，谁也没说什么。

（5）表示趋向的动词。例如：

一切都像刚睡醒的样子，欣欣然张开了眼。山朗润起来（qǐ lai）了，水涨起来（qǐ lai）了，太阳的脸红起来（qǐ lai）了。

（6）方位词。例如：

天上（tiān shang）的风筝渐渐多了，地上（dì shang）的孩子也多了。城里（chéng li）乡下（xiāng xia），家家户户，老老小小，也赶趟似的，一个个都出来了。

（7）有些双音节词的第二个音节，按习惯要读成轻声。例如：

相声（xiàng sheng）	扫帚（sào zhou）	马虎（mǎ hu）
衣服（yī fu）	庄稼（zhuāng jia）	太阳（tài yang）

告诉（gào su）	萝卜（luó bo）	商量（shāng liang）
眉毛（méi mao）	眼睛（yǎn jing）	玻璃（bō li）
窗户（chuāng hu）	明白（míng bai）	云彩（yún cai）
刺猬（cì wei）	清楚（qīng chu）	哆嗦（duō suo）
犹豫（yóu yu）	书记（shū ji）	月亮（yuè liang）
大夫（dài fu）	豆腐（dòu fu）	秘书（mì shu）
打听（dǎ ting）	性子（xìng zi）	老婆（lǎo po）
意思（yì si）		

提示

轻声音节是弱化音节，在发音时既不能拖长，也不能过于短促，让人听不清楚，造成吃字。

二、儿化

1. 什么是儿化

儿化又称儿化韵，是普通话和某些汉语方言中的一种语音现象，即后缀“儿”字不自成音节，而同前面的音节合在一起，使前一音节的韵母成为卷舌韵母。普通话中的 39 个韵母，除本身已是卷舌的韵母 er 以外，理论上都可以儿化，但实际上韵母 ê 未见儿化词，只有 37 个韵母可以儿化。

2. 儿化的作用

“儿化”在普通话里起着修饰语言色彩和表示语法功能的积极作用。

（1）表示喜爱、亲切的情感。例如：

这小孩儿（háir）舞跳得真好。

（2）表示少或小的意思。例如：

等一会儿（huìr），我马上就来。

她心眼儿（yǎnr）真小。

（3）区分词性。例如：

这幅风景画儿（huàr）画得真好。

（4）区分词义。例如：

眼（yǎn）［眼睛］～眼儿（yǎnr）［小窟窿］

头（tóu）［脑袋］～头儿（tóur）［首领］

3. 儿化音变的发音规律

（1）以ɑ、o、e、ê、u结尾的音节，儿化时在原韵母后直接加卷舌动作。例如：

板擦儿～cār	人家儿～jiār
暗花儿～huār	歪脖儿～bór
半道儿～dàor	大伙儿～huǒr
豆角儿～jiǎor	饱嗝儿～gér
锅贴儿～tiēr	主角儿～juér
摆谱儿～pǔr	奔头儿～tour
顶牛儿～niúr	

（2）以i结尾的音节，儿化时失落韵尾i，在主要元音后加卷舌动作。例如：

加塞儿～sār（sāir）	一块儿～kuàr（kuàir）
摸黑儿～hēr（hēir）	对味儿～wèr（wèir）

（3）以n、ng结尾的音节，儿化时失落韵尾n、ng，将前面的元音鼻化后加卷舌动作。例如：

门槛儿～ kãr（kǎnr）　　门脸儿～ liãr（liǎnr）

火罐儿～ guãr（guànr）　　跨院儿～ yuãr（yuànr）

大婶儿～ shẽr（shěnr）　　冰棍儿～ gũr（gùnr）

穿堂儿～ tãr（tángr）　　花样儿～ yãr（yàngr）

打晃儿～ huãr（huàngr）　　脖梗儿～ gẽr（gěngr）

嗡嗡儿～ wẽr（wēngr）　　门洞儿～ dõr（dòngr）

小熊儿～ xiõr（xióngr）

（4）韵母为 i、ü 的音节，儿化时在原韵母后加 er。例如：

门鼻儿～ bier（bír）　　玩意儿～ yier（yìr）

凑趣儿～ quer（qùr）　　小曲儿～ quer（qǔr）

（5）韵母为 in、ün、ing 的音节，儿化时失落韵尾 n、ng，将前面的元音鼻化后加 er。例如：

抄近儿～ jĩer（jìnr）　　合群儿～ qũer（qúnr）

打鸣儿～ mĩer（míngr）

（6）以 -i（前）和 -i（后）为韵母的音节，儿化时去掉主要元音，在声母后直接加 er。例如：

瓜子儿～ zer（zǐr）　　毛刺儿～ cer（cìr）

扳指儿～ zher（zhir）　　锯齿儿～ cher（chǐr）

4. 儿化发音训练

绕口令

进了门儿，倒杯水儿，喝了两口儿运运气儿，顺手儿拿起小唱本儿，唱一曲儿，又一曲儿，练完了嗓子我练嘴皮儿，绕口令儿，练习音儿，还有单弦牌子曲儿，小快板儿，大鼓词儿，越说越唱我越带劲儿。

三、变调

1. 什么是变调

我们在说话或读文章时，音节在连读或连说的情况下，相邻音节的声调会发生变化，我们把这种现象称之为变调。汉语普通话中的变调主要包括上声变调、去声变调，“一”和“不”的变调以及重叠形容词的变调。

2. 上声变调

上声在阴平、阳平、上声、去声、轻声前都会产生变调，只有在单念或处在词语、句子的末尾时才读原调。

（1）上声音节在阴平、阳平、去声和轻声音节前，其调值由 214 变为 21，也记作 211。例如：

上声 + 阴平

警钟（jǐng zhōng）	保温（bǎo wēn）	火车（huǒ chē）
省心（shěng xīn）	摆脱（bǎi tuō）	百般（bǎi bān）

上声 + 阳平

祖国（zǔ guó）	旅行（lǚ xíng）	导游（dǎo yóu）
改革（gǎi gé）	朗读（lǎng dú）	考察（kǎo chá）
稿酬（gǎo chóu）	满族（mǎn zú）	奶牛（nǎi niú）

上声 + 去声

广大（guǎng dà）	讨论（tǎo lùn）	挑战（tiǎo zhàn）
土地（tǔ dì）	稿件（gǎo jiàn）	感谢（gǎn xiè）

毁灭（huǐ miè）　好运（hǎo yùn）　马上（mǎ shàng）

上声＋轻声

耳朵（ěr duo）　马虎（mǎ hu）　口袋（kǒu dai）

尾巴（wěi ba）　口子（kǒu zi）　姐姐（jiě jie）

矮子（ǎi zi）　斧子（fǔ zi）　打听（dǎ ting）

（2）上声音节与上声音节相连，前面一个音节的调值由 214 变为 35。实验语音学从实验证明，前上、后上构成的组合与前阳、后上构成的组合在声调模式上是相同的。说明两个上声相连时，前上的调值变得跟阳平的调值一样。例如：

上声＋上声

广场（guǎng chǎng）　简短（jiǎn duǎn）　海岛（hǎi dǎo）

粉笔（fěn bǐ）　首长（shǒu zhǎng）　手指（shǒu zhǐ）

懒散（lǎn sǎn）　母语（mǔ yǔ）　减少（jiǎn shǎo）

旅馆（lǚ guǎn）　古典（gǔ diǎn）　小组（xiǎo zǔ）

（3）三个上声音节相连，一般来说，末尾音节不变调。前上和中上要发生变调，但有两种变调情况。

① 当词语的结构是双音节＋单音节时，前上和中上的调值都变成为 35 调。例如：

勇敢者（yǒng gǎn zhě）　打靶场（dǎ bǎ chǎng）

展览馆（zhǎn lǎn guǎn）　管理组（guǎn lǐ zǔ）

水彩笔（shuǐ cǎi bǐ）　洗脸水（xǐ liǎn shuǐ）

手写体（shǒu xiě tǐ）　选举法（xuǎn jǔ fǎ）

免检品（miǎn jiǎn pǐn）　橄榄果（gǎn lǎn guǒ）

② 当词语的结构是单音节＋双音节，开头音节处在被强调的逻辑重音时，读作“半上”，调值变为 21，中间音节则按两字组变调规律变为 35。例如：

党小组（dǎng xiǎo zǔ）　撒火种（sǎ huǒ zhǒng）

冷处理（lěng chǔ lǐ）　　要笔杆（shuǎ bǐ gǎn）
小两口（xiǎo liǎng kǒu）　　纸老虎（zhǐ lǎo hǔ）
老保守（lǎo bǎo shǒu）　　小拇指（xiǎo mǔ zhǐ）
老古董（lǎo gǔ dǒng）　　左脚掌（zuǒ jiǎo zhǎng）

3. 去声变调

去声音节在非去声音节前一律不变。在去声音节前则由全降变成半降，调值由 51 变成 53。例如：

制胜（zhì shèng）　　赞颂（zàn sòng）　　验货（yàn huò）
记录（jì lù）　　摄像（shè xiàng）　　速递（sù dì）
救护（jiù hù）　　贵重（guì zhòng）　　道路（dào lù）

4. "一"、"不"的变调

汉语普通话还有"一"、"七"、"八"、"不"的变调。由于普通话中"七"、"八"已经趋向于不变调，学习普通话只要求掌握"一"、"不"的变调。"一"的单字调是阴平 55，"不"的单字调是去声 51，在单念或处在词句末尾的时候，不变调（以下"一"和"不"的拼音标注的是变调后的声调）。

（1）"一"有两种变调。

① 在去声音节前调值变为 35，跟阳平的调值一样。例如：

一共（yí gòng）　　一旦（yí dàn）　　一定（yí dìng）
一概（yí gài）　　一样（yí yàng）　　一度（yí dù）
一半（yí bàn）　　一再（yí zài）　　一切（yí qiè）

② 在阴平、阳平、上声前，即在非去声前，调值变为 51，跟去声的调值一样。例如：

阴平前

一般（yì bān）　　一边（yì biān）　　一端（yì duān）

一生（yì shēng）　　一些（yì xiē）　　一心（yì xīn）

一经（yì jīng）　　一方（yì fāng）　　一天（yì tiān）

阳平前

一连（yì lián）　　一同（yì tóng）　　一如（yì rú）

一行（yì xíng）　　一直（yì zhí）　　一齐（yì qí）

一言（yì yán）　　一时（yì shí）　　一年（yì nián）

上声前

一准（yì zhǔn）　　一口（yì kǒu）　　一起（yì qǐ）

一早（yì zǎo）　　一手（yì shǒu）　　一举（yì jǔ）

一眼（yì yǎn）　　一角（yì jiǎo）　　一览（yì lǎn）

当“一”作为序数表示“第一”时，不变调。例如：“一楼”的“一”不变调，表示“第一楼”或“第一层楼”，而变调则表示“全楼”。“一连”的“一”不变调时，表示“第一连”，而变调则表示“全连”。副词“一连”中的“一”也变调，如“一连五天”。

（2）“不”字只有一种变调。当“不”在去声音节前调值变为35，跟阳平的调值一样。例如：

不但（bú dàn）　　不变（bú biàn）　　不像（bú xiàng）

不是（bú shì）　　不错（bú cuò）　　不必（bú bì）

不畅（bú chàng）　　不要（bú yào）　　不看（bú kàn）

（3）“一”、“不”夹在重叠式动词或动词和补语之间，“不”夹在重叠式形容词之间都轻读，属于“次轻音”。例如：

夹在动词之间

听一听（tīng yi tīng）　　穿一穿（chuān yi chuān）

动一动（dòng yi dòng）　　看一看（kàn yi kàn）

学一学（xué yi xué）　　写一写（xiě yi xiě）

去不去（qù bu qù）
买不买（mǎi bu mǎi）
谈不谈（tán bu tán）
吃不吃（chī bu chī）

夹在形容词之间

会不会（huì bu huì）
好不好（hǎo bu hǎo）
红不红（hóng bu hóng）
缺不缺（quē bu quē）
大不大（dà bu dà）
冷不冷（lěng bu lěng）

夹在动词和补语之间

看不清（kàn bu qīng）
起不来（qǐ bu lái）
拿不动（ná bu dòng）
打不开（dǎ bu kāi）
做一次（zuò yi cì）
跑一下（pǎo yi xià）

四、语气词“啊”的变化

“啊”是表达感情的基本声音，如果单独使用，或在句子开头和末尾不与其他元音连续使用时，一般都发“啊”音。当受到前一个音节韵尾影响时，就会发生音变现象。

（1）“啊”前面音节的韵母或韵母的尾音是 a、o、uo、e、ê、i、ü 时，一般发“ya”音。例如：

他啊！　tā ~ ya

你快说啊！　shuō ~ ya

你说什么啊？　me ~ ya

你快写啊！　xiě ~ ya

这个事，你先别提啊！　tí ~ ya

你快去啊！　qù ~ ya

（2）“啊”前面音节韵母的尾音是 n 时，一般发“na”音。例如：

你要小心啊！　xīn ~ na

咱们都是一家人啊！　rén ~ na

（3）“啊”前面音节韵母的尾音是 ng 时，一般发“nga”音。例如：

参加汶川大地震抗震抢险的志愿者们都是英雄啊！　xióng ~ nga

我们来一起唱啊！　chàng ~ nga

（4）“啊”前面音节的韵母或韵母的尾音是 ao、u 时，一般发“ua”音。例如：

改革开放以后的生活多么美好啊！　hǎo ~ ua

这老爷子多有福啊！　fú ~ ua

（5）“啊”前面音节的韵母是 -i（前）时，一般发“za”音。例如：

你去过香港几次啊？　cì ~ za

这是谁写的字啊？　zì ~ za

（6）“啊”前面音节的韵母是 -i（后）时，一般发“ra”音。例如：

你有什么事啊？　shì ~ ra

你快点吃啊！　chī ~ ra

第六章
普通话语音强化训练

一、声母练习

1. 声母对比练习

b和p

被俘～佩服　毕竟～僻静
背脊～配给　备件～配件
火爆～火炮　七遍～欺骗

d和t

盗取～套取　吊车～跳车
赌注～土著　调动～跳动
弹头～探头　凭单～平摊

n和l

千年～牵连　恼怒～老路
允诺～陨落　难住～拦住
门内～门类　南部～蓝布
蜗牛～涡流　无奈～无赖
男女～褴褛

g和k

骨干～苦干　河谷～何苦

歌谱～科普　　工匠～空降
个体～客体　　感伤～砍伤

f 和 h

开方～开荒　　防空～航空
幅度～弧度　　理发～理化
复员～互援　　防止～黄纸
开发～开花　　初犯～出汗
公费～工会　　飞机～灰鸡
仿佛～恍惚　　发现～花线
欢呼～反复　　粉尘～很沉
伏案～湖岸

j 和 q

经常～清偿　　手脚～手巧
迹象～气象　　激励～凄厉
积压～欺压　　集权～齐全
居室～趋势　　简陋～浅陋
咀嚼～取决

z c s 和 zh ch sh

三头～山头　　综和～中和
冲刺～充斥　　自立～智力
栽花～摘花　　私人～诗人
散光～闪光　　俗语～熟语
死命～使命　　姿势～知识
暂时～战时　　增收～征收
桑叶～商业　　食宿～实数
推辞～推迟

2. 易混声母对比练习

（1）平翘舌音（z、c、s 和 zh、ch、sh）辨正。

z～zh	自治	尊重	增长	作主	杂志
	再植	资助	自重	罪状	宗旨
	遵照	坐镇	作战	总之	
zh～z	制造	转载	追踪	振作	正宗
	准则	种子	知足	职责	沼泽
	种族	装载	正在	主宰	
c～ch	蚕虫	操场	财产	擦车	促成
	采茶	残喘	草创	磁场	仓储
	辞呈	操持	错处	彩绸	
ch～c	炒菜	冲刺	尺寸	陈词	差错
	纯粹	初次	船舱	场次	春蚕
	除草	揣测	陈醋	储藏	
s～sh	松树	宿舍	算术	损失	三山
	似是	丧失	诉说	琐事	素食
	随时	所属	私塾	散失	

sh~s

收缩	神速	哨所	殊死	申诉
疏松	山色	深思	上司	胜似
输送	生死	世俗	绳索	

（2）平翘舌音（z、c、s 和 zh、ch、sh）绕口令练习。

★ 上桑山，砍山桑，背着山桑下桑山。

★ 锄长草，草长长，长草丛中出长草，锄尽长草做草料。

★ 四是四，十是十，十四是十四，四十是四十，谁能说准四十、十四、四十四，谁来试一试。

★ 四十个十四十，十四个四十四。十四是十四。四十是四十。谁说十四是“时事”就打谁十四，谁说四十是“事实”就打谁四十。

★ 我说四个石狮子，你说十个纸狮子。石狮子是死狮子，四个石狮子不能嘶；纸狮子也是死狮子，十个纸狮子也不能撕。狮子嘶，撕狮子，死狮子，狮子尸。要想说清这些字，必须读准四、十、死、尸、狮、撕、嘶。

（3）鼻音和边音（n 和 l）辨正。

n~l

农林	年轮	耐劳	哪里	脑力
奴隶	纳凉	奶酪	内涝	暖流
能力	凝练	逆流	年龄	

l~n

岭南	辽宁	冷暖	留念	烂泥
连年	来年	老年	老娘	林农
落难	历年	流脑	遛鸟	

（4）鼻音和边音（n 和 l）绕口令练习。

★ 牛良蓝衣布履杠楠木，刘妞绿衣挎篓买蓝布，牛良的楠木上房梁，刘妞的蓝布做衣裳。

★ 大梁拴好牛在柳树下纳凉，碰上从牛栏山牛奶站挤了牛奶要拎到岭南乡牛奶店的刘奶奶，大梁忙拉刘奶奶到柳树下纳凉，接过刘奶奶的牛奶去岭南乡牛奶店送牛奶。

★ 刘庄有个刘小柳，柳庄有个柳小妞。刘小柳放奶牛，柳小妞路边种杨柳。刘小柳的牛踩了柳小妞的柳，柳小妞的柳扎了刘小柳的牛。

（5）唇齿音和舌根音（f 和 h）辨正。

f~h					
	凤凰	繁华	附和	防护	发挥
	返回	妨害	放火	符号	愤恨
	风寒	绯红	腐化	负荷	

h~f					
	恢复	会费	活佛	荒废	划分
	换防	豪放	合法	黄蜂	混纺
	护法	焕发	和服	海防	

（6）唇齿音和舌根音（f 和 h）绕口令练习。

★ 我们要学理化，他们要学理发。理化不是理发，理发也不是理化，理化理发要分清。学会理化却不会理发，学会理发却不会理化。

★ 风吹灰飞，灰飞花上花堆灰。风吹花灰灰飞去，灰在风里灰飞灰。

二、韵母练习

1. i、ü 练习

（1）单音节对比。

衣～迂　机～居　期～区　西～虚　梨～驴　你～女

移～鱼　及～局　齐～瞿　席～徐　李～旅　利～律

（2）双音节词语。

i～ü

器具　西域　吸取　期许　记取

利于　一缕　崎岖　给予　其余

戏曲　易于　纪律　继续　谜语

例句

ü～i

淤泥　聚集　寓意　曲艺　虚拟

屈膝　余悸　具体　举起　与其

履历　预计　玉米　距离　玉溪

氯气

ü～ü

须臾　旅居　语句　女婿　区域

序曲　郁郁　屈居　曲剧　玉宇

渔具　雨具　居于　语序　区区

聚居

（3）词语对比。

遇见～意见　聚集～积极　迂腐～衣服　车旅～车里
曲艺～起义　毛驴～茅篱　由于～游离　区级～七级
分区～分期　德育～得意　防御～防疫　大鱼～大姨
信誉～信义　旅程～里程　渔船～遗传　适于～适宜

（4）绕口令。

这天天下雨，搞体育的穿绿雨衣的女小吕，去找区里的不穿绿雨衣的女老李；搞体育的穿绿雨衣的女小吕，好不容易找着了区里不穿绿雨衣的女老李；区里不穿绿雨衣的女老李，遇着了搞体育的穿绿雨衣的女小吕。

2. e、o（uo）的练习

（1）单音节对比。

容～扩　鸽～锅　何～活　客～阔　车～戳
德～夺　社～烁　贺～货　格～国　乐～落

（2）双音节词语。

e~o(uo)

恶魔　刻薄　胳膊　折磨　婀娜
隔膜　磕破　合伙　恶果　泽国
车祸　课桌　热火　勒索　蛇果
社火

o(uo)~e

薄荷　撮合　作恶　说和　漠河
模特　鹁鸽　伯乐　作者　破格
波折　或者　国歌　过客　脱壳
货色

e~e

各个	特色	可乐	哥特	割舍
客车	隔阂	苛刻	褐色	折射
苛责	各色	合辙	瑟瑟	这个
合格				

（3）词语对比。

黄鹤～惶惑	得力～夺利	客人～阔人	鸽子～锅子
勒索～啰嗦	争得～争夺	合力～活力	大喝～大祸
高歌～高坡	游客～油墨	内河～内膜	格子～脖子

（4）绕口令。

★哥哥过河捉个鸽，回家杀鸽来请客。钵里鸽肉我舍得，过往客商你莫走。客人赞哥吃鸽肉，哥请客乐笑呵呵。

★太阳从西往东落，听我唱个颠倒歌。天上打雷没有响，地上石头滚上坡；江里骆驼会下蛋，山里鲤鱼搭成窝；腊月苦热直流汗，六月暴冷打哆嗦；姐在房中头梳手，门外口袋把驴驮。

3. in、ing，en、eng 训练

（1）单音节对比。

in~ing

津～京	频～凭	林～零	民～明
亲～情	新～星	斌～兵	金～经
禽～情	临～零	因～英	拼～乒

en~eng

奔～崩	喷～烹	闷～蒙	分～风
跟～耕	森～僧	嫩～能	肯～坑
痕～横	真～争	晨～成	身～声

（2）双音节词语。

in~ing

心情	拼命	民兵	禁令	进行
新型	银杏	尽情	阴性	尽兴
亲丁	秦岭	民警	引擎	

ing~in

灵敏	迎亲	听信	影印	清贫
挺进	平民	精心	停薪	领巾
青筋	行进	静心	定亲	

in~in

拼音	濒临	信心	殷勤	邻近
薪金	辛勤	亲近	尽心	紧邻
姻亲	引进	近因	音信	

ing~ing

情形	英明	轻盈	宁静	零星
经营	命令	倾听	精明	敬请
请缨	行径	影评	评定	

en~eng

深耕	神圣	真正	人称	本能
纷争	认证	门缝	分成	仁政
奔腾	粪坑	神灯	认生	

eng~en

诚恳	风尘	缝纫	胜任	正门
承认	城镇	成分	省份	冷门
城门	横亘	愣神	烹饪	

en~en

根本	认真	人身	门诊	愤恨
身份	振奋	深圳	人参	深沉
珍本	沉闷	粉尘	本身	

eng~eng

风声	整风	风筝	登程	生成
承蒙	蒸腾	逞能	灯绳	升腾
吭声	声称	丰盛	省城	

（3）词语对比。

in~ing

印象～映像	亲生～轻声
金鱼～鲸鱼	红心～红星
贫民～平民	弹琴～谈情
亲近～清静	禁止～精致
信服～幸福	来宾～来兵
老林～老龄	金银～经营
辛勤～心情	不仅～布景
寝室～请示	濒临～冰凌

en~eng

审视～省市	查分～查封
陈旧～成就	深思～生丝
木盆～木棚	市镇～市政
人参～人生	瓜分～刮风
长针～长征	三根～三更
真理～争理	真人～征人

诊治～整治	沉船～乘船
绅士～声势	六根～六更

（4）绕口令。

★小金到北京看风景，小京到天津买纱巾。看风景，用眼睛，还带一个望远镜；买纱巾，带现金，到了天津把商店进。买纱巾，用现金；看风景，用眼睛，巾、金、京、津、睛、景却要分得清。

★陈是陈，程是程，姓陈不能说成姓程，姓程也不能说成姓陈。禾旁是程，耳朵是陈。程陈不分，就会认错人。

三、声调和语流音变练习

1. 阳平练习

（1）阴＋阳。

观察	中国	天堂	山崖	收藏	发言
加强	奔忙	奔流	参谋	蹉跎	忠诚
诙谐	精华	生活	张扬		

（2）去＋阳。

密集	列席	斥责	祝福	玉石	木筏
六十	克服	掠夺	越级	蜡烛	恶毒
墨菊	测量	数学	暂时		

（3）阳＋阳。

农民	联合	求学	循环	韩国	食堂
辞职	随从	才华	人民	国情	前途

荣华	博学	白来	残存

2. 上声练习

（1）阴 + 上。

歌咏	冬笋	倾吐	花圃	飘洒	篝火
松果	清早	光彩	冬泳	中午	歌手
潇洒	消肿	牵强	瞻仰		

（2）阳 + 上。

华北	容许	直爽	吟咏	贫苦	遥远
前景	柔软	人口	勤恳	成果	晴朗
联想	传统	文采	完整		

（3）去 + 上。

碧海	创举	洞晓	赞美	妄想	占有
后果	炼乳	对准	赡养	酵母	大脑
记者	剧本	进取	袖手		

3. 上声的变调

（1）上声 + 非上声→半上 + 非上声。

上声 + 阴平

百般	摆脱	北京	首都	小说	奖杯
雨衣	许多	马车	北方	保温	海军
火车	礼花	取经	警钟	野心	酒精
捕捉	导师	主观			

上声 + 阳平

祖国	口型	耳闻	讲台	保存	表达
草原	两极	海拔	导游	鲤鱼	偶然

浅薄	考查	反常	导航	法庭	管辖
可怜	朗读	起床			

上声＋去声

总共	纽扣	感动	统治	柏树	法律
本质	保护	保证	百货	把握	广大
雪亮	典范	诡辩	讨论	铁道	挑战
悔过	美术	妥善			

上声＋轻声

尾巴	嫂子	里头	姐姐	椅子	嘴巴
斧子	首饰	老婆	马虎	口袋	伙计
喜欢	属相	雅致	软和	稳当	洒脱
哑巴	早晨	眼睛			

（2）上声＋上声→阳平＋上声。

懒散	手指	母语	主讲	古典	粉笔
表姐	首长	勇敢	解渴	彼此	减少
永远	理解	洗澡	老板	语法	法语
敏感	岛屿	保养			

4.“一”、“不”的变调

（1）“一”、“不”在去声之前读阳平。

一样	一道	一个	一并	一半	一定
一切	一路	一贯	一致	一再	一色
不断	不够	不顾	不过	不快	不愧
不料	不妙	不幸	不用	不适	不善

（2）“一”、“不”在非去声之前读去声。

“一”、“不”＋阴平

一般	一边	一端	一经	一瞥	一身

一些	一心	一根	一斤	一斑	一张
不安	不甘	不拘	不羁	不堪	不周
不屈	不单	不端	不光	不禁	不一

"一"、"不"+阳平

一连	一旁	一时	一同	一行	一直
一齐	一如	一无	一头	一条	一年
不才	不曾	不成	不独	不乏	不凡
不和	不及	不平	不行	不扬	不详

"一"、"不"+上声

一晃	一举	一口	一览	一起	一手
一体	一准	一早	一统	一总	一把
不等	不管	不轨	不可	不只	不爽
不免	不苟	不久	不敢	不法	不比

（3）"一"、"不"夹在词语中间时读轻声。

看一看	想一想	说一说	瞧一瞧
好不好	来不及	行不通	走不了

5. 轻声的念法

（1）阴平+轻声。

他的	哥哥	说了	先生	休息	姑娘
跟头	拉扯	亲戚	舒服	秧歌	张罗

（2）阳平+轻声。

白天	财主	粮食	朋友	明白	蘑菇
什么	俗气	抬举	行李	随和	衙门

（3）上声+轻声。

本钱	比方	打扮	口袋	马虎	牡丹

脑袋	委屈	喜欢	哑巴	洒脱	显得

（4）去声＋轻声。

爱人	簸箕	畜生	道士	队伍	厚道
忌妒	力气	热闹	任务	下巴	月饼

6. 儿化韵练习

（1）韵尾是 ɑ、o、e、ê、u。

刀把儿	在哪儿	豆芽儿	皮夹儿	梅花儿
牙刷儿	山坡儿	粉末儿	干活儿	被窝儿
方格儿	山歌儿	台阶儿	树叶儿	旦角儿
木橛儿	眼珠儿	爆肚儿	草稿儿	笔帽儿
小猴儿	衣兜儿	小鸟儿	麦苗儿	加油儿

（2）韵母是 i、ü。

玩意儿	小鸡儿	金鱼儿	毛驴儿

（3）韵尾是 i。

小孩儿	名牌儿	刀背儿	宝贝儿
一块儿	糖块儿	麦穗儿	香味儿

（4）韵母是 -i（前）或 -i（后）。

-i（前）	铁丝儿	瓜子儿
-i（后）	树枝儿	没事儿

（5）韵尾是 n、ng。

脸蛋儿	伙伴儿	窍门儿	书本儿	一点儿
冒烟儿	干劲儿	脚印儿	好玩儿	拐弯儿
冰棍儿	花纹儿	圆圈儿	烟卷儿	合群儿
鞋帮儿	茶缸儿	板凳儿	麻绳儿	眼镜儿
背影儿	小虫儿	有空儿	小熊儿	唱腔儿

模样儿　　竹筐儿

7. 语气词“啊”的变音

（1）“啊”前面音节韵母或韵母的尾音是 ɑ、o、e、ê、i、ü。

是他呀？

真阔呀！

真渴呀！

是你姐姐呀？

别生气呀！

你去呀！

（2）“啊”前面音节韵母或韵母的尾音是 u、ɑo、iɑo。

他在哪儿住哇？

你别绕哇！

她的手真巧哇！

（3）“啊”前面音节韵母的尾音是 n。

仔细看哪！

好好儿练哪！

（4）“啊”前面音节韵母的尾音是 ng。

你想不想啊？

这事成不成啊？

（5）“啊”前面音节韵母是 -i（前）、-i（后）。

怎么回事儿啊？

不够再吃啊！

快写字啊！

第二部分　词汇和语法

汉语普通话不仅包括语音，还包括词汇和语法。不了解和掌握汉语的词汇和语法是不可能真正说好普通话的。

第一章
汉语的词汇

词汇又称语汇，是一种语言里所有的词和固定短语的总和，如我们常说的汉语词汇、英语词汇、文言词汇、方言词汇等。词汇是词的结合体，词汇和词的关系是集体与个体的关系，是森林和树木的关系。要掌握词汇还需要弄清楚词汇的相关概念，这其中主要包括语素、词、固定短语。

语素：语素是语言中最小的音义结合体。语素可以组合成词，有的也可单独成词。

词：词是由语素构成，比语素高一级的语言单位，也是最小的能够独立运用的语言单位。

短语：是词和词的语法组合。大多数短语可以加上句调成为句子。

我们这里所要介绍的词汇，是专指汉语的词汇。所谓汉语的词汇，就是指汉语里所有词的总和，也包括汉语所特有的固定词组(如成语)。

世界上各个国家和民族的语言大都因历史、地域、文化的不同而各有其特点。汉语词汇丰富多彩，源远流长，也有着自身的特点。

汉语的语素绝大部分是单音节的，它们不单用的时候是构词成分，单用的时候就是词。由于许多单音节语素能够独立成词，并且语素和语素之间又能相当自由地复合成词，这就使汉语构词具有很大的灵活性。用复合法构成的词人们容易理解和接受，因此，汉语在历史发展中就能方便自如地不断创造新词。

汉语本身缺乏形态变化，语音形态学构词法仅存于上古遗迹，汉语与英语相比又缺少前缀和后缀，所以汉语里应用最广泛的构词法是词根复合法。这种构词方法和由词结合为词组的造句法基本上是一致的。即都是“偏正”、“并列”、“主谓”、“述宾”、“述补”这五种类型。例如：

偏正：野生动物　低空飞行　公开道歉　语法分析
并列：良师益友　调查研究　光辉灿烂　千秋万代
主谓：会议开始　土地辽阔　阳光明媚　工作繁忙
述宾：打麻将　举办舞会　喝啤酒　买房子
述补：走累了　洗干净了　走出非洲　歇会儿

汉语词汇的基本构成是单音节语素，就像墙体的每一块砖一样。这个特点表现在书写形式上就是“一字一义”，即每个字都代表着一个成词的或不成词的语素，不代表语素的字是例外，这也就是很多专家认为汉字是汉语语句的基本结构单位的根本原因。汉语词汇呈现着一种双音节化的趋势，即把单音节扩大为双音节，如：唇/嘴唇、雀/麻雀、鲤/鲤鱼；把多音节压缩为双音节，如：潜水艇/潜艇、对外贸易/外贸、彩色电视机/彩电、高等学校入学考试/高考。

我们现在能够看到的反映汉语词汇最早状况的文献是殷代的甲骨卜辞。这些甲骨卜辞就词性来看绝大多数是实词，其中名词最多，动词次之，形容词最少。就词义来看，甲骨卜辞内容丰富，涉猎广泛，有关于自然界的词汇：日、月、风、云、雨、雪、山、川；关于时间和季节的词汇：年、岁、春、秋、今、昔、辰、旦、朝、暮；关于方位的词汇：上、下、左、右、东、西、南、北、中；关于人、动物、生活工具类的词汇：人、身、首、牛、马、羊、犬、田、舟、车、刀、弓等；当然还有天干地支的词汇：甲、乙、丙、丁、戊、己、庚、辛、壬、癸为十干，子、丑、寅、卯、辰、巳、午、未、申、酉、戌、亥为十二支。

甲骨卜辞里的双音节词汇虽然还是很少，但到了春秋战国时期汉语词汇迅速丰富，双音节化的趋向渐趋明显了。古代汉语词汇的规模和格式，在这个时期已经基本形成了。如《诗经》《楚辞》里出现了大量的双音节单纯词（叠音词、联绵词）：菁菁、冉冉、坎坎、潇潇、邂逅、窈窕、婆娑、缤纷等，同时出现了许多关于政治、军事、礼制、伦理、道德的字，如：仁、义、礼、制、信、孝、德、忠、勇、廉、耻。另外，其他词类也发展迅速，各种代词、副词、连词、介词、语气词大都具备，后世书面语的一套“文言虚词”已基本形成。

汉唐时期是中国经济、文化发展的鼎盛时期。这个时期的国家和社会有着宽阔、开放的博大胸襟。这个时期的词汇除了双音节词汇的极大丰富之外，外来词大量出现。这也是汉语词汇发展的一个显著特点。西汉以后，由于各民族之间的不断融合，与国际上的频繁交往，许多外来词汇陆续加入到汉语词汇中，如从西域和南海各少数民族传来的词汇：苜蓿、槟榔、胭脂、琉璃、琥珀、茉莉、葡萄等。东汉以后，汉语又从古印度和古中亚吸收了跟佛教有关的大批外来词汇，如般若、菩提、南无、涅槃、菩萨、罗汉、比丘、和尚、夜叉、袈裟、刹那等。这些外来词不仅进入到了汉语的词汇当中，而且由于在社会和民众中应用较为广泛，最终成为汉语的常用词汇。有意思的是，汉语把一些双音节和多音节的外来词汇缩为了单音节的词汇，如：僧伽/僧、魔罗/魔、塔婆/塔、劫波/劫、忏摩/忏、禅那/禅、比丘尼/尼、钵多罗/钵，又将这些单音节的词作为语素同许多汉语词的语素造出了大量新的汉语里的通用复合词。如：高僧、僧徒、恶魔、魔鬼、宝塔、浩劫、劫数、忏悔、参禅、禅师、尼姑、尼姑庵、钵盂、衣钵。此外，由于翻译佛典而出现的大量“义译词”，如：法宝、世界、天堂、地域、因果、信心、真理、圆满、慈悲、修行、烦恼、庄严、报应等，也进入到了汉语的常用词汇当中。

宋代以后，由于经济、文化和科学技术的进一步发展，大量反映科学和技术的词汇出现了。如：月球、地球、经度、纬度、仪器、仪表、测量、测算、算术、几何、推论、比例、平面、椭圆、机器、射线等。到了元代，由于汉族和蒙古族的密切接触，不少蒙古语词汇也进入到了汉语词汇当中，这些在元曲杂剧等作品中有很多反映。有些已经失传了，也有一些保存了下来，如：驿站的“站”、好歹的“歹”，今天已经成为汉语常用词汇的把式、胡同、蘑菇、褡裢等，其实都是从蒙古语中吸收的外来词。明朝时期，由于郑和七下西洋，对外贸易极度发达，汉语里出现了一些从阿拉伯语和马来语等语言中吸收来的外来词。不过，这些词汇主要是一些特殊物产的名称，如：长颈鹿、斑马、祖母绿、唢呐等。

自鸦片战争以来，由于西方文化对中国的影响，汉语出现了许多新的词汇，如：总统、总理、国会、议会、法院、政党、公司、经理、干部、国民、银行、企业、市场、美术、座谈、演讲、图案、拍卖、工人、民工等。有些外语词汇以音译的方式直接进入到了汉语词汇当中，如：沙发（sofa）、扑克（poker）、咖啡（coffee）、吉他（guitar）、尼龙（nylon）、雷达（radar）、逻辑（logic）、幽默（humor）、模特儿（model）、歇斯底里（hysteria）、卡片（card）等。

时代在发展，社会在前进，新中国成立以后，特别是进入到21世纪的中国，面临着经济社会和科学技术日新月异的大发展时代，新的词汇不断出现，汉语的词汇不断丰富，每年都产生着新的词汇。我们要想赶上时代的发展，努力增强我国的软实力，我们就应该紧跟时代发展的步伐，牢牢把握时代发展的脉搏，尊重、继承几千年悠久的汉语丰富词汇的遗产，不断适应和创造出新的汉语词汇。

第二章

普通话水平测试词汇训练

一、单音节词练习

主要练习声母、韵母和声调的发音。

铡（zhá）	白（bái）	杀（shā）	鹤（hè）	痣（zhì）
舌（shé）	留（liú）	若（ruò）	池（chí）	筛（shāi）
得（dé）	字（zì）	给（gěi）	另（lìng）	鳃（sāi）
棉（mián）	宰（zǎi）	拣（jiǎn）	凹（āo）	淋（lín）
槽（cáo）	品（pǐn）	朝（zhāo/cháo）	腹（fù）	腔（qiāng）
挠（náo）	泡（pào）	藕（ǒu）	巷（xiàng）	闯（chuǎng）
柄（bǐng）	索（suǒ）	撞（zhuàng）	氢（qīng）	邹（zōu）
轴（zhóu）	缸（gāng）	岸（àn）	努（nǔ）	榄（lǎn）
筑（zhù）	瘫（tān）	乘（chéng）	哭（kū）	二（èr）
粗（cū）	判（pàn）	梦（mèng）	藏（cáng/zàng）	胸（xiōng）
憎（zēng）	框（kuàng）	纺（fǎng）	穷（qióng）	而（ér）
戏（xì）	爹（diē）	耍（shuǎ）	挂（guà）	午（wǔ）
正（zhèng）	忙（máng）	震（zhèn）	舜（shùn）	绒（róng）
踹（chuài）	否（fǒu/pǐ）	溺（nì）	日（rì）	祸（huò）
坏（huài）	缝（féng）	隋（suí）	霞（xiá）	蒜（suàn）
忍（rěn）	奖（jiǎng）	姨（yí）	褪（tuì）	掖（yè）
卷（juàn）	款（kuǎn）	颊（jiá）	环（huán）	谢（xiè）
徐（xú）	弯（wān）	飘（piāo）	损（sǔn）	表（biǎo）

童（tóng）	俊（jùn）	修（xiū）	群（qún）	约（yuē）
劝（quàn）	翁（wēng）	总（zǒng）	孔（kǒng）	宋（sòng）
广（guǎng）	略（lüè）	掘（jué）	玖（jiǔ）	荀（xún）
旅（lǚ）	婶（shěn）	次（cì）	红（hóng）	糖（táng）
秋（qiū）	剜（wān）	平（píng）	氧（yǎng）	野（yě）
仍（réng）	拐（guǎi）	食（shí）	镖（biāo）	遍（biàn）
佣（yōng）	我（wǒ）	捐（juān）	敏（mǐn）	铙（náo）
丢（diū）	接（jiē）	水（shuǐ）	音（yīn）	劣（liè）
尚（shàng）	花（huā）	源（yuán）	兄（xiōng）	咱（zán）
爱（ài）	润（rùn）	发（fā）	扯（chě）	虐（nüè）
共（gòng）	撕（sī）	撒（sā/sǎ）	线（xiàn）	瓜（guā）
襄（xiāng）	搓（cuō）	贪（tān）	揣（chuāi）	苏（sū）
蛙（wā）	准（zhǔn）	涩（sè）	俩（liǎng/liǎ）	踩（cǎi）
穿（chuān）	纫（rèn）	击（jī）	怀（huái）	主（zhǔ）
鸣（míng）	嘣（bēng）	迟（chí）	窜（cuàn）	肥（féi）
均（jūn）	混（hùn）	销（xiāo）	偏（piān）	苔（tái）
醉（zuì）	你（nǐ）	擂（léi）	阔（kuò）	缺（quē）
拽（zhuāi/zhuài）		申（shēn）	胞（bāo）	裆（dāng）
子（zǐ）	克（kè）	门（mén）	光（guāng）	挺（tǐng）
掐（qiā）	遭（zāo）	背（bèi）	度（dù）	邢（xíng）
女（nǚ）	嘎（gā/gá/gǎ）	夸（kuā）	醋（cù）	诱（yòu）
航（háng）	枪（qiāng）	晕（yūn）	雄（xióng）	却（què）
晌（shǎng）	稚（zhì）	逆（nì）	帘（lián）	灰（huī）
实（shí）	标（biāo）	聘（pìn）	妇（fù）	贼（zéi）
绿（lǜ）	涌（yǒng）	酿（niàng）	暗（àn）	人（rén）
雌（cí）	鹅（é）	沫（mò）	沓（tà）	栏（lán）
犁（lí）	球（qiú）	信（xìn）	摊（tān）	书（shū）

天（tiān）	哼（hēng）	篡（cuàn）	寡（guǎ）	荒（huāng）
灭（miè）	坐（zuò）	抓（zhuā）	猿（yuán）	筒（tǒng）
昏（hūn）	绝（jué）	坡（pō）	趁（chèn）	逮（dǎi/dài）
栋（dòng）	嗑（kè）	钩（gōu）	替（tì）	饶（ráo）
说（shuō）	往（wǎng）	开（kāi）	凋（diāo）	赛（sài）
煤（méi）	污（wū）	关（guān）	尊（zūn）	散（sǎn）
棚（péng）	胞（bāo）	惹（rě）	蚌（bàng）	捶（chuí）
剖（pōu）	尿（niào）	选（xuǎn）	杂（zá）	夹（jiā）
闷（mèn）	方（fāng）	叩（kòu）	暖（nuǎn）	券（quàn）
琼（qióng）	军（jūn）	卸（xiè）	抬（tái）	郁（yù）
滥（làn）	纸（zhǐ）	卡（kǎ/qiǎ）	浮（fú）	改（gǎi）
名（míng）	翻（fān）	再（zài）	唐（táng）	跌（diē）
渠（qú）	舵（duò）	吵（chǎo）	根（gēn）	酒（jiǔ）
终（zhōng）	临（lín）	黑（hēi）	流（liú）	爷（yé）
整（zhěng）	腌（yān）	浅（qiǎn）	蔓（màn）	梗（gěng）
抹（mǒ）	戛（jiá）	词（cí）	旬（xún）	槛（jiàn/kǎn）
拟（nǐ）	拗（ǎo）	涮（shuàn）	秧（yāng）	宣（xuān）
瞟（piǎo）	茶（chá）	蹭（cèng）	守（shǒu）	御（yù）
真（zhēn）	经（jīng）	烘（hōng）	播（bō）	粟（sù）
拈（niān）	横（héng）	脆（cuì）	浊（zhuó）	从（cóng）
蛇（shé）	室（shì）	题（tí）	药（yào）	农（nóng）
北（běi）	庙（miào）	盼（pàn）	让（ràng）	掂（diān）
两（liǎng）	拼（pīn）	砌（qì）	毁（huǐ）	如（rú）
薛（xuē）	旺（wàng）	孙（sūn）	捧（pěng）	贴（tiē）
坠（zhuì）	配（pèi）	美（měi）	湿（shī）	烽（fēng）
乳（rǔ）	叠（dié）	疼（téng）	暂（zàn）	刺（cì）
私（sī）	芦（lú）	龟（guī）	咔（kǎ）	黑（hēi）

即（jí）	牵（qiān）	絮（xù）	病（bìng）	禅（chán）
膜（mó）	闪（shǎn）	盗（dào）	怎（zěn）	佟（tóng）
凝（níng）	扫（sǎo）	聊（liáo）	够（gòu）	挥（huī）
茎（jīng）	且（qiě）	喘（chuǎn）	民（mín）	兑（duì）
刷（shuā）	灾（zāi）	炭（tàn）	瘸（qué）	章（zhāng）
锅（guō）	肯（kěn）	擦（cā）	耗（hào）	窘（jiǒng）
绣（xiù）	沉（chén）	滑（huá）	眯（mī）	硕（shuò）
色（sè）	扭（niǔ）	脓（nóng）	逛（guàng）	慨（kǎi）
测（cè）	圈（quān）	陷（xiàn）	谱（pǔ）	帅（shuài）
霜（shuāng）	紫（zǐ）	凑（còu）	囊（náng）	浸（jìn）
抢（qiǎng）	薛（xuē）	熏（xūn）	诈（zhà）	碑（bēi）
拆（chāi）	冒（mào）	南（nán）	粉（fěn）	耕（gēng）
起（qǐ）	变（biàn）	瞥（piē）	乖（guāi）	挎（kuà）
蔫（niān）	司（sī）	退（tuì）	断（duàn）	抡（lūn）
弄（nòng）	找（zhǎo）	举（jǔ）	泉（quán）	扑（pū）
使（shǐ）	酾（shāi）	甩（shuǎi）	废（fèi）	偶（ǒu）
山（shān）	恨（hèn）	绘（huì）	牛（niú）	加（jiā）
亮（liàng）	疫（yì）	扛（káng）	促（cù）	跳（tiào）
扎（zā）	甜（tián）	矿（kuàng）	习（xí）	佛（fó）
卵（luǎn）	纯（chún）	决（jué）	癣（xuǎn）	采（cǎi）
赠（zèng）	盎（àng）	簪（zān）	截（jié）	邀（yāo）
仰（yǎng）	雁（yàn）	荫（yīn/yìn）	顶（dǐng）	村（cūn）
壮（zhuàng）	荣（róng）	御（yù）	远（yuǎn）	躯（qū）
恩（ēn）	迥（jiǒng）	勇（yǒng）	恽（yùn）	学（xué）
袄（ǎo）	扒（bā）	拜（bài）	憋（biē）	田（tián）
罩（zhào）	垧（shǎng）	佘（shé）	扮（bàn）	量（liáng）
脱（tuō）	咯（kǎ）	鲜（xiān）	砂（shā）	曾（céng/zēng）

涡（wō）	驭（yù）	志（zhì）	董（dǒng）	望（wàng）
块（kuài）	海（hǎi）	矜（jīn）	许（xǔ）	软（ruǎn）
青（qīng）	菠（bō）	省（shěng）	反（fǎn）	铝（lǚ）
笋（sǔn）	所（suǒ）	疮（chuāng）	围（wéi）	寻（xún）
阵（zhèn）	菌（jūn）	棕（zōng）	堆（duī）	碎（suì）
盖（gài）	鹌（ān）	侧（cè）	欺（qī）	淤（yū）
死（sǐ）	婆（pó）	提（tí）	刨（páo）	灌（guàn）
铲（chǎn）	吓（xià）	苗（miáo）	轨（guǐ）	讽（fěng）
鱿（yóu）	脏（zàng）	茉（mò）	您（nín）	尺（chǐ）
贫（pín）	莽（mǎng）	饼（bǐng）	蹲（dūn）	肉（ròu）
吐（tǔ）	谋（móu）	盘（pán）	狂（kuáng）	

二、双音节词练习

除练习声母、韵母和声调的发音，还要练习变调、儿化、轻声的读法。

阿谀（ē yú）	俘虏（fú lǔ）	模糊（mó hu）
奇迹（qí jì）	糊涂（hú tu）	堤坝（dī bà）
哺育（bǔ yù）	疙瘩（gē da）	奇袭（qí xí）
不必（bù bì）	侮辱（wǔ rǔ）	玻璃（bō li）
答复（dá fù）	汲取（jí qǔ）	胳膊（gē bo）
复杂（fù zá）	立即（lì jí）	模具（mú jù）
呕吐（ǒu tù）	几乎（jī hū）	而且（ér qiě）
萝卜（luó bo）	粗糙（cū cāo）	狭隘（xiá ài）
逮捕（dài bǔ）	处理（chǔ lǐ）	炽热（chì rè）
气氛（qì fēn）	绝色（jué sè）	奇数（jī shù）

巡捕（xún bǔ）	例外（lì wài）	细菌（xì jūn）
看护（kān hù）	包庇（bāo bì）	楼阁（lóu gé）
活泼（huó pō）	膝盖（xī gài）	讣告（fù gào）
糟粕（zāo pò）	熟悉（shú xī）	徇私（xùn sī）
突出（tū chū）	骨髓（gǔ suǐ）	乳臭（rǔ xiù）
木屑（mù xiè）	分析（fēn xī）	旨意（zhǐ yì）
河沿（hé yán）	造诣（zào yì）	友谊（yǒu yì）
参与（cān yù）	差错（chā cuò）	波浪（bō làng）
供给（gōng jǐ）	蝙蝠（biān fú）	仿佛（fǎng fú）
呆板（dāi bǎn）	匕首（bǐ shǒu）	恐吓（kǒng hè）
比较（bǐ jiào）	畸形（jī xíng）	疾病（jí bìng）
雪茄（xuě jiā）	漱口（shù kǒu）	内疚（nèi jiù）
矩形（jǔ xíng）	伪劣（wěi liè）	发酵（fā jiào）
提防（dī fang）	露天（lù tiān）	风靡（fēng mǐ）
怯懦（qiè nuò）	侵略（qīn lüè）	围绕（wéi rào）
塞车（sāi chē）	塑料（sù liào）	虽然（suī rán）
矢口（shǐ kǒu）	结束（jié shù）	挟持（xié chí）
穴位（xué wèi）	流血（liú xuè）	削弱（xuē ruò）
调皮（tiáo pí）	亚洲（yà zhōu）	沼泽（zhǎo zé）
确凿（què záo）	供认（gòng rèn）	同胞（tóng bāo）
绰号（chuò hào）	对称（duì chèn）	惩罚（chéng fá）
混乱（hùn luàn）	尽管（jǐn guǎn）	校对（jiào duì）
根茎（gēn jīng）	阶段（jiē duàn）	追悼（zhuī dào）
联袂（lián mèi）	腹腔（fù qiāng）	教诲（jiào huì）
关卡（guān qiǎ）	俊俏（jùn qiào）	悄然（qiǎo rán）
两栖（liǎng qī）	针灸（zhēn jiǔ）	游说（yóu shuì）
恰当（qià dàng）	仍然（réng rán）	教室（jiào shì）

收缩（shōu suō）
标识（biāo zhì）
狩猎（shòu liè）
混淆（hùn xiáo）
钻探（zuān tàn）
召开（zhào kāi）
潜逃（qián táo）
间断（jiàn duàn）
癫痫（diān xián）
翘首（qiáo shǒu）
艄公（shāo gōng）
挣脱（zhèng tuō）
编纂（biān zuǎn）
浙江（zhè jiāng）
勉强（miǎn qiǎng）
强劲（qiáng jìng）
证券（zhèng quàn）
装潢（zhuāng huáng）
琢磨（zhuó mó/zuó mo）
度量衡（dù liàng héng）

妊娠（rèn shēn）
蜕变（tuì biàn）
眩晕（xuàn yùn）
憎恨（zēng hèn）
笨拙（bèn zhuō）
殷红（yān hóng）
蒙难（méng nàn）
质量（zhì liàng）
王冠（wáng guān）
违章（wéi zhāng）
山冈（shān gāng）
高涨（gāo zhǎng）
常识（cháng shí）
怯场（qiè chǎng）
唱片（chàng piàn）
丧钟（sāng zhōng）
憧憬（chōng jǐng）

栓塞（shuān sè）
扫帚（sào zhou）
琴弦（qín xián）
卓越（zhuó yuè）
作坊（zuō fang）
咆哮（páo xiào）
处境（chǔ jìng）
乘车（chéng chē）
颈椎（jǐng zhuī）
赡养（shàn yǎng）
酝酿（yùn niàng）
挣扎（zhēng zhá）
应用（yìng yòng）
向往（xiàng wǎng）
着重（zhuó zhòng）
肖像（xiào xiàng）
创伤（chuāng shāng）
双簧（shuāng huáng）
一会儿（yī huìr）

第三章

汉语的语法

语法是人们在长期的语言实践中总结出来的语言规则，通俗地说，就是说话和写文章时所遵守的词句排列组合的规矩。每一种语言都有其结构规律，汉语语法的结构规律是怎样的呢？

中国的古人很早就开始注意和研究汉语的语法规律了。古人对《诗经·大雅·常武》中的“王命卿士，南仲太祖”这句话就做过如下语法分析：“王命卿士，南仲太祖”其实是一句话，“命”的对象是“南仲”，而“太祖”也就是太庙，是“命”的处所，原句中把表示处所的“于”给省略了。中国南北朝时期的刘勰在《文心雕龙·章句篇》中说：“至于夫、惟、盖、故者，发端之首唱；乎、哉、矣、也者，亦送末之常科。”意思就是说虚词可以放在句子的前面，也可以放在句子的末尾。唐代柳宗元在《复杜温夫书》中说：“所谓乎、耶、哉、夫者，疑辞也，矣、耳、焉、也者，决辞也。”意思是说，虚词乎、耶、哉、夫是疑词，矣、耳、焉、也是决辞。此外，许多文学家、诗人在创作实践中也注意到了词在功能上的不同作用。从唐代开始的格律诗，讲求对仗，上下句相应的词语有着相似的功能。杜甫的“烽火连三月，家书抵万金”（《春望》），“永夜角声悲自语，中天月色好谁看”（《宿府》）就已经是名词对名词，动词对动词了。到了宋代，虚词较以往在语言和文章中受到了更多的重视，南宋张炎在《词源》中说：“词与诗不同，词之句语有二字、三字、四至六字、七八字者，若堆叠实字，读且不通……此等虚字都要用之得其所。”古人对汉语语法虽然十分重视，但基本上仅仅涉及语法现象，在 1898 年中国第一部系统的文言语法著作《马氏文通》出版之前，汉语语法始终没有发展成为独立的语法学科，这是有别于很早就建立起来的印欧语法体系的。

一、汉语语法的建立

《马氏文通》本来是帮助人们阅读和使用文言文的，但作者马建忠一方面模仿印欧语法建立体系，另一方面，也十分注重结合汉语自身的特点，在不少方面甚至突破了西方语法的框架，有着许多重要的创新。马建忠认为，汉语和印欧语系的语言比较起来，语气助词是一大特点，所以就单独列为一类。

1919 年“五四”运动以后，黎锦熙的《新著国语文法》开始建立现代白话文的汉语语法。这本书以 J.C. 纳斯菲尔德的《英语语法》作为参考来确定句子成分，同时，还采用 A. 里德等人的图解法来表示句子分析的结果。到了 20 世纪 40 年代，一些汉语学家把国外语法论同中国的汉语应用实际相结合，作出许多重要的贡献。吕叔湘的《中国文法要略》和王力的《中国现代语法》是其中代表著作。

中华人民共和国成立以后，国家十分重视语言的学习和应用，《人民日报》曾连载过吕叔湘、朱德熙合著的《语法修辞讲话》。语法知识得到了极大普及，现在我国的中学都开展了语法教学，语法知识也是高等学校“现代汉语”课的重要内容。

二、汉语语法的主要特点

每一种语言都有着鲜明的自身特点，这种特点不仅表现在语音和词汇上，也表现在语法上。不同语言的语法既有共同点，也有差异性，既有共性，也有个性。这种个性也就是特点，每种语言的特点都不是绝对的，而是相对的。把汉语同世界上其他民族的语言，如英语相比较，我们就可以看出汉语语法的一些重要特点了。

1. 词汇方面

首先，与英语的动词和形容词后面可以加上一些只改变词根的语法性质（转化成名词）而不改变其词汇意义的后缀，如 -ness、-ation、-ment 之类不同的是，汉语里很少有构词性质的前缀和后缀，虽然秦朝以前少数词带有类似词缀的标记。当时，名词的前边常常带“有”：“有夏多罪，天命殛之”（《尚书·汤誓》），“豺虎不食，投畀有北”（《诗经·小雅·巷伯》）。在《诗经》中，还有些动词前边常常带“言、曰、聿、于”：“曰归曰归，岁亦莫止”（《小雅·采薇》），“无念尔祖，聿修厥德”（《大雅·文王》）。但这些标志的应用并不普遍，除了在一些方言之中至今还有少许保留外，大部分在秦汉之后基本上就消失了。此外，古汉语形容词和副词后边带有类似标记的字，除了“然”字一直应用到今天，其余的字如“尔、而、若、如”等也已消失了。

其次，在英语里，词类功能比较单纯，名词只能充当主语和宾语，形容词只能充当定语和表语，定式动词只能充当谓语里的主要动词。而在汉语中，由于动词和形容词不变形，无论在什么句法位置上出现，形式都一样，这就造成了词类功能多样的现象，如形容词既可以充当谓语、定语、补语，又可以充当主语和宾语。汉语词类这种多功能的现象使得汉语的词类与句法成分之间没有一对一的对应关系，这使得汉语词类的功能与英语词类的功能有很大的不同。主要是汉语中名词、动词、形容词的语法功能是相互交错的，一方面，一类词往往充当几种句法成分，而每种成分并不是本类中所有的词都能充当的；另一方面，一种成分往往又不是某一类词所专有的。因此，我们在学习汉语的语法时，一定要注意哪一种功能最能够反映出某一类词的最主要特质，也就是要分清词的功能的主次，这一点很重要，否则，我们就容易看不清汉语的语法规律，词类和其他语法单位也就不好划分了。

2. 句法结构方面

汉语的基本句型是主语在前，谓语在后；谓语在前，宾语在后。定语和状语是起限制和描绘作用的，而补语是说明动作和行为的状态和结果的。

主语可分为名词性主语和谓词性主语。名词性主语由名词性词语充当，包括名词、数词、名词性的代词和名词性的短语，多用来表示人或事物。如“我们俩关系很好。”“我们俩”就是主语，表示人。如“风很大，云很高。”“风”和“云”就是主语，表示事物。主语通常作为被陈述的对象，在句首能回答“谁”或者“什么”等问题。

谓语通常由谓词性词语充当，但在一定条件下也可由名词性词语充当。谓语的作用是对主语进行叙述、描写或判断，能回答主语“怎么样”或“是什么”等问题。谓语是一个句子的骨架，没有谓语句子就会散架，不成形了。如“你看！”“看”就是谓语。如“中国崛起！”“崛起”就是谓语。一般来说，在汉语中动词性词语经常来作谓语，但是形容词性词语也经常来作谓语。如“天真热！”“热”是形容词，在这里就充当谓语。需要特别说明的是主谓短语作谓语是汉语的一大特色。如“他头脑灵活。”“头脑灵活”是主谓短语，在这里就作谓语。如“二十一世纪，人才最重要。”“人才最重要”是主谓短语，在这里就作谓语。主谓短语作谓语在古代汉语里就已经有了，如《孟子·告子》：“鱼，我所欲也，熊掌，亦我所欲也”；《史记·老子韩非列传》：“鸟，吾知其能飞；鱼，吾知其能游；兽，吾知其能走”。

宾语一般分名词性宾语和谓词性宾语两种，名词性宾语比较常见。如“我新买的房子有100多平方米。”其中，“100多平方米”就是名词性宾语，如“初秋，苹果已经红了，可葡萄还是绿的。”其中，“红了”和“绿的”都是名词性宾语。谓词性词语充当宾语比较少见，但需有一定的条件，那就是只能出现在能带谓词性词语的动语后边。如“成功企业的秘密在于尊重员工。”其中，“尊重员工”是谓词性词语，在这里就作为宾语。如“中午一下班，大家发现风停了，雨也不下了。”其中，“风停了，雨也不下了”是谓词性词语，充当宾语。

定语一般由实词和短语来充当。如“五彩天空、隐形飞机、一片荒漠、巨型军舰、神奇小子、白雪公主”等。定语和中心语的语义关系多种多样，总的说来，可分为限制性定语和描写性定语两大类。如“北京的风光、冬季的阳光、荒漠中的树林、操场上的学生、大型歌舞、综艺晚会、二十一世纪的中国”等都是限制性定语。描写性定语一般来说不是对中心语进行限制的，在语义上主要是对中心语进行描绘和形容的。如“风平浪静的港湾、曲曲弯弯的河流、黄灿灿的庄稼、黑黝黝的肤色”等。

状语不只是由副词充当，还可以由时间名词、能愿动词、形容词、介词短语、量词短语来充当。如“早上来了、应该干、慎重考虑、一遍一遍地唱、一脚一脚地踢”等。状语的语义类别大致也可分为限制性和描写性两大类。如“网上购物、现金支付、现场直播、电视录像”等就是限制性状语。描写性状语是从性质和状态方面对中心语事物加以描写或形容。如“李小姐很高兴地看着我。”“王先生神色凝重地走了进来。”“篮球运动员科比狠狠地把球砸进了篮筐里。”这些词语都是描写性状语。

补语一般由谓词性词语充当，补语可以用来说明动作行为的结果、状态、趋向、数量、时间、处所等的程度。如“我的车里挂满了一排排祈福的铃铛。”“发奖金了，员工们高兴得蹦了起来。”“钱包丢了，我气坏了。”“树林里突然蹿出一只大狗熊。”“一对儿情侣走向海边。”其中，“满”、“高兴得”、“坏了”、“出”、“向海边”等都是补语。学习补语的时候，要注意看标记，看关系和词性。看标记，就是看有没有助词“得”，如果有，就是补语。句子里面没有，但可以插入助词“得”也是补语。看关系，主要是看动词后的词语能回答什么，能回答“什么”的是宾语，能回答“怎么样”的是补语。

汉语中还有句型和句类之分，句子根据内部结构可分为单句和复句。单句是由短语或词充当的、有特定的语调、能独立表达一定意思的语言单位。复句是由两个或两个以上意义上相关，结构上互不作句法成分的分句加上贯通全句的句调构成的。复句还可进一步分成分句，分句在结构上跟单句相同，但没有完整而独立的句调。句类是根据全句语气的不同分出来的句子类型。主要有陈述句、疑问句、祈使句、感叹句。汉语语法中的句型和句类内容丰富，划分细密，在《现代汉语》教材中有详细的介绍，这里就不详述了。

总之，汉语语法归纳起来主要有以下几个特点：（1）汉语词类和句法成分的关系是错综复杂的，在英语里词类和句法之间简单的对应关系，在汉语里则没有，汉语里的名词、动词、形容词都是多功能的，这与英语大不相同。（2）语序是汉语里的重要语法手段。同样的语素，次序不同，就构成不同的词；同样的词，次序不同，则构成不同的短语和句子。但汉语句法成分的次序一般来说是固定的，即主语在前，谓语在后；谓语在前，宾语在后。但有时为了适应语言应用上的需要，语序也可以进行一定的改变。（3）汉语的基本句式一般来说就是单句的结构，句子划分单句和复句是借鉴印欧语系语言的传统，因为，印欧语系的语言靠着词语形态的帮助，区分单句和复句比较容易。（4）简称是很多语言中都有的现象，但是现代汉语里的简称数目却相当多，如：“语文”、“科技”、“疗效”、“外贸”、“中小学”、“动植物”、“进出口”等。（5）汉语里还有着丰富的量词和语气词，尤其是语气词是汉语的一大特点。《马氏文通》的作者马建忠就认为，语气词是汉语所独有的。

第四章

普通话水平测试语法训练

一、句子成分

1. 主语

主语是谓语陈述的对象，指明说的是“什么人”或“什么事物”。例如：

中国人民志气高。

提高整个中华民族的科学文化水平是亿万人民群众的切身事业。

2. 谓语

谓语是陈述、说明主语的，说明主语“是什么”或“怎么样”。例如：

满天乌云顿时消散了。

树叶黄了。

小王今年十六岁。

鲁迅是中国现代文学的奠基人。

明天星期日。

什么书他都看。

3. 宾语

宾语在动词后面，表示动作、行为涉及的人或事物，回答“谁”或“什么”一类问题。例如：

什么叫信息?

门口围着一群看热闹的。

马克思认为知识是进行斗争和为无产阶级解放事业服务的手段。

4. 定语

定语是名词或代词前面的连带成分，用来修饰限制名词或代词，表示人或事物性质、状态、数量、所属等。例如：

那（沉甸甸）的稻谷，像一垄垄（金黄）的珍珠。

（三杯）美酒敬亲人。

雪野中有（血红）的宝珠山茶，（白中隐青）的（单瓣）梅花。

（中国）的历史有（自己）的特点。

5. 状语

状语是动词或形容词前面的连带成分，用来修饰、限制动词或形容词，表示动作的状态、方式、时间、处所或程度等。例如：

他［已经］走了。

咱们［北京］见。

歌声［把王老师］带入深深的回忆。

科学［终于以伟大的不可抑制的力量］战胜了神权。

副词、形容词经常作状语，表时间、处所的名词经常作状语，一般名词不作状语。动词中除助动词外，一般动词很少作状语，介词短语常作状语。一般状语紧连在中心语的前边，但表时间、处所、目的的名词或介词短语作状语时，可以放在主语的前边，如：［在杭州］我们游览了西湖胜景。

6. 补语

补语是动词或形容词后面的连带成分，一般用来补充说明动作、行为的情况、结果、程度、趋向、时间、处所、数量、形状等。例如：

广大人民干得〈热火朝天〉。

他写的字比原来不是好〈一点〉，而是好得〈多〉。

他生〈于 1918 年〉。

他坐〈在桌子旁〉。

颜色是那么浓，浓得〈好像要流下来似的〉。

7. 独立成分

在句子中不与其他成分（主、谓、宾、定、状、补）产生结构关系，但意义上又是全句所必需的，具有相对独立性的一种成分，用来表示称谓呼叫，模拟语气、声音，对事物推测、估计、注释、补充、感叹等。例如：

事情明摆着，你看，我们能不管吗？

十分明显，不大大提高整个中华民族的科学文化水平，四个现代化就是一句空话。

啊，多么使人心醉的绚丽灿烂的秋色！

砰，砰，一阵枪声传来……

充当独立成分的，有的是一个词，有的是短语，它在句子的位置比较灵活，有的在句首，有的在句中。

8. 复指成分

用两个或两个以上的词或短语指同一事物，作同一个句子成分。例如：

先生自己也要书。

国家要独立，民族要解放，人民要革命，这已经成为挡不住的历史潮流。

这就是朝鲜战场上一次最壮丽的战斗——松骨峰战斗。

总之，汉语的主要句子成分可以总结为：

［状（修饰全句的）］+（定）主+［状］谓〈动补〉+（定）宾+〈宾补〉。

［每当有外地人来］，（好客的）天津人［总是］［眉飞色舞地］谈〈起了〉（天津的）小吃〈有多么地道〉。

二、句型划分

句子根据语法结构可以分成：

1. 单句

单句是不可再分析出分句的句子。包括：

（1）主谓句（由主谓短语构成的句子）。如：

今天 ‖ 星期五。

她 ‖ 身份特殊。

赵州桥 ‖ ［非常］雄伟。

（桥的）设计 ‖ ［完全］合乎（科学）原理。

（2）非主谓句（由其他短语或单个词构成的句子）。如：

呀！

好漂亮的彩虹呀！

快一点吧！

禁止吸烟！

去吧。

嘿！

（3）特殊单句，句式特点比较特殊的句子。主要是：

① 把字句：用“把”（或“将”）将动词支配的对象提到动词之前的

一种句型。把字句在结构上有："把+宾语"作状语。语义上，把字句表示主动。主语是施动者，发出动作，处置某一对象。处置的对象是指定的或已知的事物。如：

我们把豹子打死了。

你简直把我吓死了。

不要把自己做的坏事赖在别人身上。

② 被字句：用介词"被"组成介宾短语作状语，并且表达被动语义的句子。被字句的典型格式是：主语+被+被的宾语+动词短语。语义上，被字句表示被动。主语是被动者，接受动作。如：

凶手被警察抓住了。

小鸟被他们吓跑了。

玻璃杯被小王子打碎了。

③ 连动句：用连动短语充当谓语的主谓句。其主要特点是：连用的两个或两个以上的动词或动词短语共同陈述一个主语；动词或动词短语之间有先后、目的、方式或手段关系；两个动词或动词短语之间没有语音停顿，也没有关联词语。如：

他上街买书去了。

他拿了东西走了。

他们正下河游泳呢。

小李今天坐电车回家。

④ 兼语句：用兼语短语充当谓语的主谓句。其主要特点有：它的谓语由一个动宾短语和一个主谓短语套接而成；动宾短语中的动词通常是使令性动词。如："叫、让、派、使、请、教、劝、命令、禁止、任命、号召、选举"，等等。有时还用"有"。如：

我请周恩来同志来解释。

你让他下午到我办公室来一下。

蔚蓝的天宇中正有一群大雁飞过。

区分兼语句和主谓短语作宾语的主要方法是区分第一动词。兼语句中第一个动词一般是表使令、要求的，它所支配的对象是人；主谓短语作宾语的第一个动词，一般是表感知的（看见、发现、知道等），表心理活动的（想、认为、希望、觉得等），表意见的（主张、证明、表明、说明、标志等），它所支配的对象是一件事（人物连同他的动作行为）。

2. 复句

复句是由两个或两个以上的分句组成的句子。包括：

（1）一重复句，只有两个分句的句子。主要有 10 种类型：

① 并列复句，两个或两个以上的分句分别陈述几种事物，或者几种事情，或者一种事情的几个方面，分句之间是平行相对的并列关系。常用关联词语有：既……又……，还，也，同样，不是……而是……，是……不是……，同时，一方面……一方面……，有时……有时……，有的……有的……。如：

它既不需要谁来施肥，也不需要谁来灌溉。

我们不是要空话，而是要行动。

从门到窗子是七步，从窗子到门也是七步。

② 承接复句，两个或两个以上的分句，一个接着一个地叙述连续发生的动作，或者接连发生的几件事情。分句之间有先后顺序。常用关联词语有：就，便，才，又，于是，然后，接着，首先（起初）……然后……，从而。如：

他们俩手拉着手，穿过树林，翻过山坡，回到草房。

起初他们问我个人的情况，然后又问到有关革命形势的一些问题和镇头市敌驻军的动静。

吃过了饭，老秦跟小福去场里打谷子。

③ 递进复句，后面分句的意思比前面分句的意思进了一层，分句之间是递进关系。常用关联词语有：不但（不仅、不只、不光）……而且（还，

也，又）……，尚且……何况（更不用说，还）……，况且。如：

这种桥不但形式优美，而且结构坚固。

桥的设计完全合乎原理，施工技术更是巧妙绝伦。

他这样胆小的人尚且不怕，我还怕吗？

④ 选择复句，两个或两个以上的分句，分别说出两件或几件事，并且表示从中选择一件或几件。分句之间就构成选择关系。常用关联词语有：与其……不如……，宁可……也不……，或者……或者……，不是……就是……，要么……要么……，或许……或许……，可能……可能……，也许……也许……。如：

作为一个有骨气的男儿，与其跪着生，不如站着死。

我们宁可挨批评，也不能昧着良心去搞假呀！

武松这一去，或者把老虎打死，或者被老虎吃掉，别无选择。

⑤ 转折复句，后一分句的意思不是顺着前一个分句的意思说下去，而是作了一个转折，说出同前一分句相反、相对或部分相反的意思来。分句之间构成转折关系。常用关联词语有：虽然（虽、尽管）……但是（但、可是、却、而、还是）……，但是，但，然而，只是，不过，倒，竟然。如：

他小小年纪，胆量可不小啊。

虽然我一见便知道是闰土，但又不是我这记忆上的闰土了。

我们几个苦口婆心地给他讲道理，他竟然一句也没听进去。

⑥ 假设复句，前一个分句假设存在或出现了某种情况，后一个分句说出假设情况一旦实现产生的结果。两个分句之间是一种假定的条件与结果的关系。常用关联词语有：如果（假如、倘若、若、要是、要、若要、假若、如若）……就（那么、那、便、那就）……，即使（就是、就算、纵然、哪怕、即便、纵使）……也（还、还是）……，再……也……。如：

如果老王不能前去，那就让我去吧。

即使天塌下来，这件事也得继续做完。

谁如果要鉴赏我国的园林，苏州园林就不该错过。

⑦ 因果复句，前面分句说明原因，后面分句说出结果，可分为说明因果和推论因果。说明因果一个分句说明原因，另一分句说明由这个原因产生的结果，因和果是客观事实。常用关联词语有：因为（因）……所以（便）……，由于……因而……，因此，故此，故而，之所以……是因为……。推论因果一个分句提出一个依据或前提，后一分句由此推出结论，结论是主观判定的，不一定是事实。常用关联词语有：既然（既是）……就（那就、便、又何必）……。如：

我们主张积极的思想斗争，因为它是达到党内和革命团体内的团结使之利于战斗的武器。

哥哥嫂嫂既然扔开他像泼出去的水，他又何必恋恋不舍呢？

几房本家大约已经搬走了，所以很寂静。

由于病魔缠身，两次体检未通过，他只好第二次踏进补习班的门槛。

⑧ 条件复句，前一个分句提出一个条件，后一个分句说明这个条件一旦实现所要产生的结果，分为充分、必要、完全等三种类型。常用关联词语有：只要……就……，只有……才……，除非……才（不）……，无论（不管，不论）……都……。如：

衣服只要干净整齐，越朴素穿着越称心。

只有具备了“明知山有虎，偏向虎山行”的胆识，才能昂首阔步于成功的大道之上。

我们除非预先做了准备，这次行动绝无成功的可能。

不管人员是不是齐整，我们都得赶往阵地。

⑨ 解说复句，一个分句说明一种情况，其他分句对这种情况进行解释、说明或总括。一般不用关联词语。如：

纺线有几种姿势：可以坐着蒲团纺，可以坐着矮凳纺，也可以把纺车垫得高高地站着纺。

一种是教条主义，一种是经验主义，两种都是主观主义。

⑩ 目的复句，一个分句表示实现或避免某种目的，一个分句表示为此

而采取的行为。常用关联词语有：为了，以便，以，用以，好，为的是，以免，免得，省得。如：

我在这里吃雪，正是为了我们祖国的人民不吃雪。

这段时间校卫要好好检查校园设施，以免出现安全事故。

答题之前，我们应仔细思考，省得过后又来修改。

（2）多重复句，结构上有两个或两个以上层次的复句叫多重复句。有两个层次的叫二重复句，有三个层次的叫三重复句，其余依次类推。多重复句是由一重复句扩展而成的。分析多重复句可以采用符号法和框式图解法。如：

★符号法：

① 有些人背上虽然没有包袱，‖（并列）② 有联系群众的长处，|（转折）③ 但是不善于思考，|‖（并列）④ 不愿多动脑筋多想苦想，‖（因果）⑤ 结果仍然做不成事业。

① 他后来还托他父亲带给我一包贝壳和几支很好看的鸟毛，‖（并列）② 我也曾送他一两次东西，|（转折）③但从此没有再见面。

★框式图解法：

① 有些人背上虽然没有包袱，② 有联系群众的长处，③ 但是不善于思考，④ 不愿多动脑筋多想苦想，⑤ 结果仍然做不成事业。

① 他后来还托他父亲带给我一包贝壳和几支很好看的鸟毛，② 我也曾送他一两次东西，③ 但从此没有再见面。

分析多重复句的主要步骤如下：

a. 总览全局，确定分句数目。

b. 理解全句语义，确立第一层次。

c. 辨析关联词语，依据搭配关系逐层分析。

并列复句与承接复句的主要区别：

a. 并列复句的分句是相互对称的，成平行的雁行式排列。其基本格式是A，B，C……分句的排列比较自由，有时可以前后对调。如：

他一边看报，一边听音乐，一边吃饭。

小李今年十八岁，小王二十四岁，至于老陈嘛已是年过古稀了。

b. 承接复句的分句排列次序是由分句所表示的时间和事理上的先后决定的，因此，分句的顺序不能前后对调。其基本格式是 A → B → C……成鱼贯式的排列。如：

见过了小李和小王，老陈便带着他们到田间去打谷子。

看过报纸，听了两段音乐，他心满意足地去吃饭了。

承接复句与连动句的主要区别：

a. 承接复句的分句有语音停顿，书面上用逗号或分号标出这种停顿，连动句没有。

b. 承接复句的分句可以有不同的主语，连动句只能共带一个主语。

c. 承接复句在分句间可以用上关联词语，连动句则不能用。如：

过了那树林，船便弯进了叉港，于是赵庄便真在眼前了。（承接复句）

他上街买菜去了。（连动句）

假设复句与转折复句的主要区别：

用“即使（就算、纵然、哪怕、纵使、就是）……也……”这组关联词语组合成的假设复句，含有转折意思（有的书称为转折式假设复句，有的称之为让步假设复句），它与用“尽管……还是……”这组关联词语组合成的转折复句最容易混淆。

a. 让步假设复句前后分句所说的事情都没有成为现实，“即使”表示撇开的是虚拟的事实，是做最大的假设罢了。

b. 转折复句前后分句所说的事情都已成为现实，“尽管”所撇开的是既成事实。如：

即使明天刮风下雨，我们也要到达山顶。（“刮风下雨”说不准）

尽管今天刮风下雨，我们还是要到达山顶。（“刮风下雨”是确定的事实）

条件复句与假设复句的主要区别：

a. 相同点是前后分句的关系都是条件与结果的关系，都是没有实现的事情。

b. 不同点是条件复句着重于条件，假设复句着重于假设。

只要记住条件复句的几种类型和关联词语就很容易区别了。如：

如果美国政府仍然一意孤行搞对抗，中国政府愿意奉陪到底。（假设复句）

只要美国政府仍然一意孤行搞对抗，中国政府就要奉陪到底。（条件复句）

第五章

容易读错的字及正确的读音

许多普通话的学习者在说普通话时，经常碰到这样的问题，就是有的字不知道怎么读才是标准的。不仅一般人会碰到这样的问题，就是许多专业的话剧演员、影视演员，电台、电视台的播音员、主持人也常常会遇到这些问题。现将人们经常容易出现异读的字整理出来，供大家参考。

一、多音字

A

阿（一）ā	~訇　~拉伯　~姨
（二）ē	~谀　~胶　~弥陀佛　刚直不~
挨（一）āi	~个儿　~近　~挤
（二）ái	~打　~骂　~说　~斗
艾（一）ài	~绒　方兴未~
（二）yì	怨~　自怨自~
拗（一）ào	~口　违~
（二）niù	执~　~劲

B

般（一）bān　　一～　百～
　（二）bō　　～若
　（三）pán　　～乐
膀（一）bǎng　　肩～
　（二）bàng　　吊～子
　（三）pāng　　～肿
　（四）páng　　～胱　蹄～
蚌（一）bàng　　～壳　鹬～相争
　（二）bèng　　～埠（地名）
薄（一）báo　　～纸　～板　～饼　～脆
　（二）bó　　～弱　～膜　淡～　单～
　（三）bò　　～荷　～荷脑
堡（一）bǎo　　碉～　桥头～　～垒
　（二）bǔ　　～子　瓦窑～（地名）
　（三）pù　　十里～（地名）
暴（一）bào　　～露　～发　～力　～晒
　（二）pù　　（同“曝”）
曝（一）pù　　一～十寒　～晒
　（二）bào　　～光
秘（一）bì　　～鲁（国名）
　（二）mì　　～密　～书　～方
泌（一）bì　　～阳（地名）
　（二）mì　　分～　～尿
辟（一）bì　　复～　～举

（二）pì　　开～　～谣　精～

臂（一）bì　　手～　～膀　～弯

（二）bei　　胳～

扁（一）biǎn　　～平　～担

（二）piān　　～舟

骠（一）biāo　　黄～马

（二）piào　　～勇　～骑将军

屏（一）bǐng　　～除　～弃　～气

（二）píng　　～幕　～风　～蔽

剥（一）bō　　～削　～夺　～离

（二）bāo　　～皮儿　～壳儿

蕃（一）bō　　吐～（古代民族）

（二）fān　　（古同“番”）

（三）fán　　～盛　～滋

泊（一）bó　　淡～　漂～　停～

（二）pō　　湖～　血～

伯（一）bó　　～父　～乐　～爵

（二）bǎi　　大～子（丈夫的哥哥）

簸（一）bǒ　　颠～

（二）bò　　～箕

C

藏（一）cáng　　矿～　～匿　卧虎～龙

（二）zàng　　宝～　西～　～族　～红花

差（一）chā　　偏～　～别　～错　～异

（二）chà　　～不多　～不离　～点儿

（三）chāi　～遣　～事　～役
（四）cī　参～不齐
查（一）chá　检～　～访
（二）zhā　（姓）
刹（一）chà　～那　古～
（二）shā　～车
禅（一）chán　～宗　～师　～房
（二）shàn　～让　～位　封～
颤（一）chàn　～动　～抖　～音
（二）zhàn　～栗　打～
裳（一）cháng　霓～羽衣
（二）shāng　衣～（shang）
场（一）chǎng　～合　～面　～所
（二）cháng　～院　一～雨
车（一）chē　汽～　杯水～薪
（二）jū　～马炮（象棋棋子名称）
称（一）chèn　～心　～职
（二）chēng　～号　～赞
（三）chèng　（同“秤”）
乘（一）chéng　～警　～风破浪　～人之危
（二）shèng　史～　千～之国
澄（一）chéng　～清　～澈　～净
（二）dēng　黄～～
（三）dèng　把水～清
仇（一）chóu　～恨　复～
（二）qiú　（姓）
臭（一）chòu　遗～万年　～氧　～美

（二）xiù　　（同“嗅”）乳～未干　铜～
处（一）chǔ　　～理　相～　～罚
（二）chù　　办事～　～长
畜（一）chù　　牲～　家～　～禽　～栏
（二）xù　　～产　～牧　～养
创（一）chuàng　　～业　～举　～作　首～
（二）chuāng　　～伤　～痕　～口　重～
绰（一）chuò　　～～有余　～号
（二）chuo　　宽～　阔～
撮（一）cuō　　～合　一小～儿
（二）zuǒ　　一～儿毛

D

答（一）dá　　报～　～案　～复
（二）dā　　～理　～应
沓（一）dá　　一～
（二）tà　　重～　纷至～来
（三）ta　　疲～
大（一）dà　　～小　～腕儿　～气
（二）dài　　～夫　山～王
逮（一）dǎi　　～耗子　～蚊子　～特务
（二）dài　　～捕
当（一）dāng　　～地　～年（指过去某年）　～日（指过去某时）　～天（指过去某天）
（二）dàng　　适～　～年（指同一年）　～日（指同一日）　～天（指同一天）

叨（一）dāo　　唠～（dao）　～念

（二）dáo　　～咕

（三）tāo　　～扰

倒（一）dǎo　　颠～黑白　颠三～四　排山～海

（二）dào　　～车　～计时　～退

提（一）dī　　～防　～溜

（二）tí　　～高　～取　～纲

度（一）dù　　尺～　气～　程～

（二）duó　　揣～　审时～势

E

恶（一）ě　　～心

（二）è　　～劣　～毒

（三）wū　　（同“乌”）

（四）wù　　好～　厌～

F

坊（一）fāng　　牌～　街～（fang）

（二）fáng　　磨～　碾～　染～　油～

G

伽（一）gā　　～马射线

（二）jiā　　～倻琴

（三）qié　　～蓝

扛（一）gāng　　力能～鼎

（二）káng　　～枪　～活

葛（一）gé　　～藤　～布　瓜～

（二）gě　　（姓）

给（一）gěi　　～面子　～以

（二）jǐ　　补～　供～　自～自足

供（一）gōng　　～给　提～　～不应求

（二）gòng　　口～　上～

红（一）gōng　　女～

（二）hóng　　～色　～利

呱（一）gū　　～～坠地

（二）guā　　顶～～　～～叫

（三）guǎ　　拉～儿

贾（一）gǔ　　商～　～人

（二）jiǎ　　（姓）

冠（一）guān　　～心病　～冕堂皇

（二）guàn　　～名　～军　～礼

观（一）guān　　～察　～赏　参～

（二）guàn　　道～　贞～之治

纶（一）guān　　羽扇～巾

（二）lún　　晴～　锦～

龟（一）guī　　乌～

（二）jūn　　～裂

（三）qiū　　～兹（cí，古国名）

桧（一）guì　　～柏（树名）

（二）huì　　秦～（人名）

H

哈（一）hā　　～尔滨　～蜜瓜　～拉　～腰

（二）hǎ　　～达　～巴狗

（三）hà　　～什蚂（满语音译）

貉（一）háo　　～子　～绒

（二）hé　　一丘之～

和（一）hé　　～蔼　～谐　～平

（二）hè　　附～　曲高～寡　一唱一～

（三）hú　　开～

（四）huó　　～面　～泥

（五）huò（huo）搅～　热～　软～　～稀泥

吓（一）hè　　恐～　恫～

（二）xià　　～唬

横（一）héng　　～竖　～行霸道

（二）hèng　　蛮～　～祸

混（一）hún　　（同“浑”）

（二）hùn　　～合　～乱　～淆

J

脊（一）jí　　～梁　～檩

（二）jǐ　　～髓　～柱

济（一）jǐ　　～南（地名）　人才～～

（二）jì　　～贫　无～于事

纪（一）jǐ　　（姓）

（二）jì　　～念　～律　～元
系（一）jì　　～鞋带儿　～扣儿
（二）xì　　～统　联～　～马
间（一）jiān　　中～　时～　车～
（二）jiàn　　中～儿　～隔　～谍　～断
监（一）jiān　　～狱　～听
（二）jiàn　　太～　国子～
见（一）jiàn　　看～　～谅
（二）xiàn　　（同“现”）
将（一）jiāng　　～要　～来
（二）qiāng　　～进酒
强（一）jiàng　　倔～　～嘴
（二）qiáng　　～盛　～大　～制
（三）qiǎng　　～求　～迫　～词夺理　～颜欢笑
嚼（一）jiáo　　味同～蜡　咬文～字
（二）jué　　咀～
（三）jiào　　倒～
角（一）jiǎo　　五～星　独～戏　～度　～落
（二）jué　　～色　～逐　主～　口～
脚（一）jiǎo　　手～　～印　～本
（二）jué　　（同“角”）
校（一）jiào　　～对　～订
（二）xiào　　学～　～官
结（一）jiē　　开花～果　～实
（二）jié　　～果　～石　～束
解（一）jiě　　～体　～渴　～释　费～
（二）jiè　　押～　～差

（三）xiè　　（姓）　浑身～数
禁（一）jīn　　～受　情不自～　弱不～风
（二）jìn　　～止　监～　关～闭
尽（一）jǐn　　～管　～快　～量
（二）jìn　　～忠　～孝　～量
劲（一）jìn　　～头　没～　干～儿
（二）jìng　　强～　～旅　疾风～草
倔（一）jué　　～强
（二）juè　　～头～脑

K

卡（一）kǎ　　～车　～通　～介苗　～片
（二）qiǎ　　～子　关～　～住
壳（一）ké　　贝～　外～儿　鸡蛋～儿
（二）qiào　　地～　金蝉脱～
可（一）kě　　～爱　～耻　～观
（二）kè　　～汗
空（一）kōng　　～城计　～气　天～
（二）kòng　　～闲　～隙
溃（一）kuì　　～烂　～败　～退
（二）huì　　～脓

L

落（一）là　　丢三～四
（二）lào　　～汗　～枕

（三）luò　～魄　～后　～脚

勒（一）lè　～令　～索　悬崖～马

（二）lēi　～紧

擂（一）léi　～鼓　自吹自～

（二）lèi　～台　～主　打～

累（一）lèi　劳～　受～

（二）léi　～赘

（三）lěi　连～　～积　～计

蠡（一）lí　管窥～测

（二）lǐ　范～（人名）

令（一）líng　～狐（古地名、姓）

（二）lǐng　一～纸

（三）lìng　命～　时～　～尊

量（一）liáng　～度　～具　～筒

（二）liàng　重～　计～　～体裁衣

（三）liang　打～　掂～

淋（一）lín　～浴　～巴　～漓尽致

（二）lìn　过～　～病

笼（一）lóng　～子　牢～　～火

（二）lǒng　～络　～统　～罩

弄（一）lòng　～堂　里～

（二）nòng　玩～　～假

偻（一）lóu　佝～

（二）lǚ　伛（yǔ）～　～指

露（一）lòu　～面　～光　～头　～怯

（二）lù　裸～　～天　～骨　抛头～面

绿（一）lù　～林　鸭～江

（二）lǜ　　~色　~豆　~地
捋（一）luō　　~袖子
（二）lǚ　　~胡子　~头绪

M

脉（一）mài　　一~相承　血~相连
（二）mò　　~~传情
蔓（一）màn　　~延　~生
（二）mán　　~菁
（三）wàn　　瓜~　藤~
蒙（一）mēng　　~~亮　~骗　发~
（二）méng　　启~　~难
（三）měng　　~古族
眯（一）mí　　~眼
（二）mī　　~缝　~会儿
靡（一）mí　　~费　奢~
（二）mǐ　　望风披~　~丽
模（一）mó　　~范　~糊　~型
（二）mú　　~具　~样　~子
无（一）mó　　南~阿弥陀佛
（二）wú　　~论　~敌

N

南（一）nā　　~无阿弥陀佛
（二）nán　　~北　~极

那（一）nā　　（姓）
（二）nǎ　　（同“哪”）
（三）nà　　~些　~时
难（一）nán　　困~　~题　~点
（二）nàn　　发~　刁~　~兄~弟
粘（一）nián　　（同“黏”）
（二）zhān　　~贴　~连
尿（一）niào　　糖~病　~床
（二）suī　　~泡
泥（一）ní　　~土　水~
（二）nì　　~墙　拘~
宁（一）níng　　安~　~静
（二）nìng　　~可　~肯

O

区（一）ōu　　（姓）
（二）qū　　地~　~分

P

喷（一）pēn　　~嚏　~射　香~~　嚏~（pen）
（二）pèn　　~香
片（一）piān　　唱~儿　画~儿
（二）piàn　　影~　~酬　~段　~面
朴（一）piáo　　（姓）
（二）pō　　~刀

（三）pò　～硝
（四）pǔ　～素　俭～　质～
仆（一）pū　前～后继
（二）pú　～从　～人

Q

栖（一）qī　两～　～息
（二）xī　～～
蹊（一）qī　～跷
（二）xī　～径
祇（一）qí　神～
（二）zhǐ　（同“只”）
荨（一）qián　～麻
（二）xún　～麻疹
纤（一）qiàn　～夫　～绳
（二）xiān　～弱　～维　～细
悄（一）qiāo　静～～　～～儿的
（二）qiǎo　～然无声
翘（一）qiáo　～往　～盼　～首
（二）qiào　～尾巴
曲（一）qū　～线　～尺　～折
（二）qǔ　～调　～谱
觑（一）qū　～～眼
（二）qù　面面相～　小～
券（一）quàn　债～　入场～
（二）xuàn　拱～

R

若（一）rě　　般～

　（二）ruò　　～干　～无其事

任（一）rén　　（地名、姓）

　（二）rèn　　～务　担～

S

塞（一）sāi　　～住　～子

　（二）sài　　～外　要～

　（三）sè　　堵～　搪～　～音

扫（一）sǎo　　～兴　～地　～射

　（二）sào　　～帚　～把

杉（一）shā　　～木　～蒿

　（二）shān　　红～　水～

召（一）shào　　（姓）

　（二）zhào　　号～　～集　～开

折（一）shé　　（姓）　～本

　（二）zhē　　～腾　～跟头

　（三）zhé　　～断　打～

舍（一）shě　　～弃　～近求远　施～

　（二）shè　　宿～　退避三～　～利

莘（一）shēn　　（姓）　～～学子

　（二）xīn　　～庄（地名）

似（一）shì　　～的

　（二）sì　　相～　～乎

遂（一）suì　　～心　毛～自荐

　（二）suí　　半身不～

T

挑（一）tiāo　　～选　～剔　～担

　（二）tiǎo　　～拨　～起　～大梁

帖（一）tiē　　张～　妥～　服～

　（二）tiě　　请～　名～

　（三）tiè　　碑～　字～

W

唯（一）wéi　　～一　～命是从　～～诺诺

X

肖（一）xiāo　　（姓）

　（二）xiào　　生～　～像

削（一）xiāo　　～球　刀～面　～铅笔

　（二）xuē　　剥～　～弱　～减　～发

血（一）xiě　　～糊糊　～淋淋　一针见～

　（二）xuè　　～泊　～压　～脉　～海深仇

吁（一）xū　　长～短叹

（二）yū　　（象声词）

（三）yù　　～求　呼～

旋（一）xuán　　～律　～涡

（二）xuàn　　～风　～床

Y

殷（一）yān　　～红

（二）yīn　　～勤　～切

应（一）yīng　　～该　～许　～允

（二）yìng　　～承　～付　～声　～用　～征

与（一）yú　　（同“欤”）

（二）yǔ　　～其　～时俱进

（三）yù　　～会　～闻

晕（一）yūn　　～倒　～头

（二）yùn　　～针　～车　～高儿

Z

载（一）zǎi　　记～　登～

（二）zài　　搭～　装～　怨声～道　～歌～舞

择（一）zé　　选～　～偶　～业

（二）zhái　　～菜　～席

占（一）zhān　　（姓）　～卜　～梦

（二）zhàn　　～领　～便宜

涨（一）zhǎng　　高～　～潮

（二）zhàng　　头昏脑～　～大

着（一）zhāo　～点盐
（二）zháo　～急　～迷　～凉　～火
（三）zhe　听～　看～点儿
（四）zhuó　～落　～手　～眼　～装

爪（一）zhǎo　（姓）　鹰～　虎～　～牙
（二）zhuǎ　～子　猫～儿

症（一）zhēng　～结
（二）zhèng　病～　对～下药

吱（一）zhī　咯～　嘎～
（二）zī　～～　～声

钻（一）zuān　～探　～孔
（二）zuàn　～床　～石

作（一）zuō　～坊　～弄　自～自受
（二）zuò　～业　～风　～曲　～料

二、统读字

A

隘 ài　～口　狭～

嫒 ài　令～

谙 ān　～熟　～练　不～此道

凹 āo　～凸不平　～陷

B

拔 bá	～河　～草　鞋～子
稗 bài	～官野史
褒 bāo	～贬　～扬
匕 bǐ	～首
鄙 bǐ	～视　～人　卑～
庇 bì	～护　包～
愎 bì	刚～自用
裨 bì	～补　～益
蝙 biān	～蝠
砭 biān	针～
濒 bīn	～临　～危
波 bō	～涛　～浪
拨 bō	～款　～弄　～子
捕 bǔ	～获　～猎　～捞　～捉
哺 bǔ	～乳

C

糙 cāo	粗～　毛～
谄 chǎn	～媚
伥 chāng	～鬼　为虎作～
掣 chè	～肘　风驰电～
惩 chéng	～罚　～戒　～前毖后
踟 chí	～蹰（chú）

侈 chǐ　　～靡　～言　奢～

炽 chì　　～热　～情

憧 chōng　　～憬

崇 chóng　　推～　～拜

刍 chú　　～议

绌 chù　　相形见～

舛 chuǎn　　命运多～

辍 chuò　　～学

忖 cǔn　　～度　自～

D

傣 dǎi　　～族

档 dàng　　～案　～期　～次

玷 diàn　　～污

敦 dūn　　～厚

咄 duō　　～～逼人

掇 duō　　拾～（duo）　撺～（duo）

裰 duō　　补～

F

梵 fàn　　～文　～蒂冈

绯 fēi　　～闻　～红

氛 fēn　　气～　～围

汾 fén　　～河　～酒

孵 fū　　～化

符 fú　　～合　～号

拂 fú　　～晓　～袖　～面

副 fù　　正～　～业　名不～实

腹 fù　　～稿　～腔　～泻　～背受敌

讣 fù　　～告

G

冈 gāng　　山～　景阳～

亘 gèn　　～古

梏 gù　　桎～

犷 guǎng　　粗～

瑰 guī　　～丽　～宝　玫～（gui）

皈 guī　　～依

刽 guì　　～子手

H

骸 hái　　～骨

沆 hàng　　～瀣（xiè）一气

訇 hōng　　阿～

讧 hòng　　内～

囫 hú　　～囵吞枣

怙 hù　　～恶不悛（quān）

徊 huái　　徘～

诲 huì　　教～　～人不倦

J

羁 jī　～绊　～押
即 jí　立～　～刻　～使
嫉 jí　～妒　～恨　～恶如仇
麂 jǐ　～皮
戛 jiá　～然而止
歼 jiān　～灭　～击
菅 jiān　草～人命
缄 jiān　～默　～口
较 jiào　～劲　～量　比～
桔 jié　～梗
讦 jié　攻～
浸 jìn　～泡　～染
茎 jīng　阴～　刀～
儆 jǐng　以～效尤　杀一～百
灸 jiǔ　针～
疚 jiù　内～
狙 jū　～击
鞠 jū　～躬尽瘁
矩 jǔ　～形　循规蹈～　规～（ju）

K

揩 kāi　～油
忾 kài　同仇敌～

亢 kàng	高～　～奋　不卑不～
恪 kè	～守

L

琅 láng	～～上口
羸 léi	～弱　～顿
敛 liǎn	～财　收～　～容
瞭 liào	～望
劣 liè	～质　～势
琳 lín	～琅满目
孪 luán	～生
榈 lǘ	棕～
掠 lüè	～夺

M

袂 mèi	联～
虻 méng	群～　牛～
弥 mí	～补　～漫
宓 mì	（姓）
摩 mó	按～
嬷 mó	～～

N

捺 nà	按～不住

讷 nè　　木～

拈 niān　　～花惹草　～轻怕重

疟 nüè　　～疾

虐 nüè　　～待　肆～

P

葩 pā　　奇～

琶 pá　　琵～

乓 pāng　　乒～

滂 pāng　　～沱

脾 pí　　～胃

毗 pí　　～邻

匹 pǐ　　～夫　～敌

癖 pǐ　　～好　怪～

僻 pì　　偏～　～静

譬 pì　　～如

媲 pì　　～美

剽 piāo　　～悍　～窃

频 pín　　～率　～繁　音～

剖 pōu　　～析　解～

Q

祈 qí　　～求　～祷

绮 qǐ　　～丽

杞 qǐ　　～人忧天

潜 qián ～伏 ～力 ～逃 ～移默化

掮 qián ～客

襁 qiǎng ～褓

跷 qiāo 高～ 蹊～ ～～板

怯 qiè ～懦 胆～

惬 qiè ～意

挈 qiè 提纲～领

锲 qiè ～而不舍

沁 qìn ～人心脾 ～园春

倾 qīng ～向 ～斜 ～倒

祛 qū ～除 ～痰 ～暑

龋 qǔ ～齿

R

髯 rán 美～

荏 rěn 色厉内～ ～苒（rǎn）

濡 rú 相～以沫 耳～目染

S

僧 sēng ～侣

霎 shà ～时

讪 shàn 搭～ ～笑

觞 shāng 滥～

娠 shēn 妊～

谥 shì ～号

舐 shì	～犊情深
狩 shòu	～猎
束 shù	花～　结～
吮 shǔn	～吸
嗣 sì	后～
塑 sù	～造　～料
髓 suǐ	骨～　脊～

T

獭 tǎ	～兔　水～
苔 tái	～藓　青～
剔 tī	～除
殄 tiǎn	暴～天物
佻 tiāo	轻～
迢 tiáo	千里～～
窕 tiǎo	窈～
骰 tóu	～子

W

违 wéi	～背　～心　～约　～章
韪 wěi	不～
毋 wú	～庸置疑

X

膝 xī	～盖

袭 xí　　抄～　～击　奇～
狭 xiá　　～长　～窄
黠 xiá　　狡～
弦 xián　　琴～　～乐　心～
涎 xián　　垂～三尺　馋～欲滴
淆 xiáo　　混～　～乱
哮 xiào　　～喘　咆～
撷 xié　　采～　～英
械 xiè　　机～　器～
衅 xìn　　挑～　寻～
炫 xuàn　　～耀
眩 xuàn　　～晕
穴 xué　　～位　洞～
谑 xuè　　戏～

Y

亚 yà　　～洲　～当　～军
筵 yán　　～席　～宴
揖 yī　　作～
漪 yī　　涟～
谊 yì　　友～　联～
翌 yì　　～日
诣 yì　　造～
懿 yì　　～德　～旨
荫 yìn　　～庇　～凉
荧 yíng　　～幕　～屏

莠 yǒu 良～不齐

黝 yǒu ～黑

囿 yòu 园～ ～于

娱 yú ～乐 ～记

伛 yǔ ～偻

跃 yuè ～动 ～进

Z

暂 zàn ～时 ～定

臧 zāng （姓）

憎 zēng ～恨 爱～分明

绽 zhàn 破～ 皮开肉～

昭 zhāo ～示 ～然若揭

辄 zhé 动～

脂 zhī ～肪 ～粉

踯 zhí ～躅（zhú）

诌 zhōu 胡～

拙 zhuō ～笔 ～劣

卓 zhuó ～越 ～绝

第三部分 朗读

要用普通话朗读好文章，首先需要学习普通话的语音、词汇和语法知识。除此之外，还需要学习和掌握朗读文章所需的知识和技能。

第一章
怎样才能朗读好文章

一、文章内容的理解与把握

1. 准确、深入的理解

朗读者要把作品的思想感情准确地表现出来，需要透过字里行间，理解作品的内在含义。首先，要清除障碍，搞清楚文中生字、生词、成语典故、语句等的含义，不要囫囵吞枣，望文生义。其次，要把握作品创作的背景、作品的主题和情感的基调，这样才会准确地理解作品，才不会把作品念得支离破碎，甚至歪曲原作的思想内容。

以高尔基的《海燕》为例，扫除文字障碍后，就要对作品进行综合分析。这篇作品以象征手法，通过暴风雨来临之前、暴风雨逼近和即将来临三个画面的描绘，塑造了一只不怕电闪雷鸣，敢于搏风击浪，勇于呼风唤雨的海燕，这一“胜利的预言家”的形象。这部作品诞生之后立即不胫而走，被广大工人和革命群众在革命小组活动时朗诵，被视作传播革命信息、坚定革命理想的战歌。综合分析之后，朗诵时就不难把握其主题是：满怀激情地呼唤革命高潮的到来。进而，我们又不难把握这部作品的基调应是对革命高潮的向往、企盼。

2. 细致、深刻的感受

有的朗读，听起来也有着抑扬顿挫的语调，可就是打动不了听众。如果不是作品本身有缺陷，那就是朗读者对作品的感受还太浅薄，没有真正走进作品，而是在那里“挤”情、“造”性。群众的眼睛是雪亮的，他们不会被虚情所动。朗读者要唤起听众的感情，使听众与自己同喜同悲同呼吸，必须仔细体味作品，进入角色，进入情境。

3. 丰富、逼真的想象

在理解感受作品的同时，往往伴随着丰富的想象，这样才能使作品的内容在自己的心中、眼前活动起来，就好像亲眼看到、亲身经历一样，这也就是我们常说的触景生情。

4. 内在语的作用

内在语主要根据不同的环境、面对不同的对象所采取的一种语言表达方式，是指那些在语言中所不便表露、不能表露或者没有完全表露出来的语句关系和语句本质。内在语就相当于影视戏剧表演中的“潜台词”。内在语也是一种帮助朗读者把文章朗读变成自己要说的话，把朗读者的思想感情调动起来，并找到恰当的表达语气的重要方法。

二、文章朗读的基本表达技巧

朗读时，一方面要深刻透彻地把握作品的内容，另一方面要合理地运用各种艺术手段，准确地表达作品的内在含义。常用的基本表达手段有：停顿、重音、语速、语调、语气、节奏。

1. 停顿

停顿指语句或词语之间声音上的间歇。停顿一方面是朗诵者在朗诵时生理上的需要，另一方面是句子结构上的需要，再一方面是为了充分表达思想感情的需要；同时，也可给听者一个领略和思考、理解和接受的余地，帮助听者理解文章含义，加深印象。停顿包括生理停顿、语法停顿、强调停顿。

（1）生理停顿即朗诵者根据气息需要，在不影响语义完整的地方作一个短暂的停歇。生理停顿不要妨碍语义表达，不要割裂语法结构。

（2）语法停顿是反映一句话里面的语法关系的，在书面语言里就反映为标点。一般来说，语法停顿时间的长短同标点大致相关。例如句号、问号、叹号后的停顿比分号、冒号长；分号、冒号后的停顿比逗号长；逗号后的停顿比顿号长；段落之间的停顿则长于句子停顿的时间。

（3）强调停顿是为了强调某一事物，突出某个语义或某种感情而在书面上没有标点，在生理上也可不作停顿的地方作了停顿，或者在书面上有标点的地方作了较大的停顿，这样的停顿我们称为强调停顿。强调停顿主要是靠仔细揣摩作品，深刻体会其内在含义来安排的。

2. 重音

重音是指朗诵、说话时句子里某些词语念得比较重的现象。一般用增加声音的强度来体现。重音有语法重音和强调重音两种。

（1）语法重音是在不表示什么特殊的思想和感情的情况下，根据语法结构的特点而把句子的某些部分重读的，叫语法重音。语法重音的位置比较固定，常见的规律是：

① 一般短句子里的谓语部分常重读。

② 动词或形容词前的状语常重读。

③ 动词后面由形容词、动词及部分词组充当的补语常重读。

④ 名词前的定语常重读。

⑤ 有些代词也常重读。

如果一句话里成分较多，重读也就不止一处，往往优先重读定语、状语、补语等连带成分。如：

我们是怎样度过这惊涛骇浪的瞬息！

快把那炉火烧得通红。

值得注意的是，语法重音的强度并不十分强，只是同语句的其他部分相比较，读得比较重一些罢了。

（2）强调重音指的是为了表示某种特殊的感情和强调某种特殊意义而故意说得重一些的音，目的在于引起听者注意自己所要强调的某个部分。语句在什么地方该用强调重音并没有固定的规律，而是受说话的环境、内容和感情支配的。同一句话，强调重音不同，表达的意思也往往不同。因而，在朗诵时，首先要认真钻研作品，正确理解作者意图，才能较快较准地找到强调重音之所在。

强调重音与语法重音的区别是：

① 从音量上看，语法重音给人的感觉只是一般的轻重有所区别，而强调重音则给人鲜明突出的印象。强调重音的音量大于语法重音的音量。

② 从出现的位置看，强调重音可能与语法重音重叠，这时语法重音服从于强调重音，只要把音量再加强一些就行了。有时，两种重音出现在不同的位置上，此时，强调重音的音量要盖过语法重音的音量。

③ 从确定重音的难易上看，语法重音较容易找到，在一句话的范围内，根据语法结构的特点就可以确定，而强调重音的确定却与朗诵者对作品的钻研程度、理解程度紧密相连。

3. 语速

语速是指说话或朗读时每个音节的长短及音节之间连接的紧松，也就是我们朗读或说话时的快慢。普通话的正常语速为中速，也就是每分钟大约说出 240 个左右的音节。

4. 语气

语气是表示说话人对某一行为或事情的看法和态度，是思想感情运动状态支配下语句的声音形式。语气由两个方面构成：一方面是一定的思想感情，一方面是一定的具体声音形式。语气包含三个要点：其一，语气以内心感情的色彩和分量为灵魂、为神；其二，语气以具体的声音形式为躯体、为形；其三，语气存在于一个个有具体语境的语句当中。

5. 节奏

节奏是音乐中最重要的表现手段之一。节奏在有声语言表达中是指语言抑扬顿挫、轻重缓急的回环往复。节奏在具体的文章当中是指某一段或某一句的思想感情运动状态的外部呈现。朗读文章时节奏技巧的运用方法主要有四种：

（1）欲抑先扬，欲扬先抑。

（2）欲停先连，欲连先停。

（3）欲轻先重，欲重先轻。

（4）欲快先慢，欲慢先快。

三、自然流畅的语调

在汉语普通话中，字有字调，句有句调。我们通常称字调为声调，是指音节的高低升降，而句调我们则称为语调。这里我们重点讲讲语调，因为语调是人们在语流中用抑扬顿挫来表情达意的所有语音形式的总和，也是普通话朗读和说话考试的重要内容。

语调是衡量普通话标准与否的第一特征。现实生活中，如果留心注意一下，会发现有这样的现象：一些人的声韵调完全正确，但是普通话听起来就是感觉不地道，总带有那么一点儿方音语调；而有些人的普通话抑扬顿挫分明，轻重悦耳动听，细心辨别，却会发现声韵调都有这样或那样的一些错误，语音并不标准。这是为什么？就是因为语调在起着关键的作用。学习普通话，如果仅仅掌握声母、韵母的标准发音，那只是学到了“形似”的普通话；只有把握好普通话的正确语调，方才算是掌握了“神似”的普通话。正如一个人唱歌，歌词咬得再准，曲调不对，是歌不成曲的。

语调所包含的内容极为复杂，有诸多非常微妙的东西。众所周知，文字和图片不同，人们一眼便能识别；而方言语调与标准普通话语调之间的差别，则非专业人员难以辨别或说得清、道得明。这就给普通话语调的学习带来一定困难，也使普通话语调训练显得尤为重要。

此外，普通话的语调在人们的日常交际活动中也起到重要的作用。人们在进行交际时，运用的是能表达完整意思和思想的句子，以达到沟通和交流的目的。其间必然会表现出个人的喜怒哀乐、赞成或反对、爱或恨等情态，这些情态因素不仅仅体现在词语的选择上，还会通过句子的语调表现出来。所以说，语调里含有很多感情成分、情绪成分。因此，只要说话（或者说有言语现象）就离不开语调。不仅是学会发标准音，还要掌握语言交际的技巧，培养运用语言的能力，其中当然包括了掌握和驾驭语调的能力。这是对语调训练应予以重视的另一个原因。学习者只有运用科学的方法，加强语调训练，通过仔细揣摩其中细微的变化，才能掌握普通话语调的真谛，快速提高普通话水平。

语调构成的语音形式主要表现在音高、音长、音强等非音质成分上。在汉语普通话的语调训练中，首先应该注重音高的变化，其次应当注意音长的变化，当然也不要忽略节奏和语速。学习普通话的语调，应该注意以下几个方面：

（一）注意语句总体音高的变化

普通话的语调，首先表现在语句音高的高低、升降、曲折等变化上。

1. 语句的降调

说话时句尾呈前高后低的下降语调。如一般陈述句、祈使句、感叹句以及近距离对话等情况。在普通话语句中，降调出现频率高。例如：

爸爸和妈妈都退休了。↘（陈述句）

各位旅客，北京西站到了。↘（陈述句）

都把总结交上来！↘（祈使句）

举办奥运会时，北京的天空是多么蓝啊！↘（感叹句）

2. 语句的升调

说话时句尾呈前低后高的上升语调。如一般疑问句、反问句，以及出现在长句子中的前半句。但是，特殊疑问句应为降调。例如：

办公室里还有人吗？↗（疑问句）

难道你还不明白吗？↗（反问句）

3. 语句的平调

说话时语调没有明显的升降趋势，语句的音高变化不明显。如思考问题、宣读名单、公布成绩等情况。此外，远距离说话，以及在人群前大声喊话时，可能出现总体高平的调形，但一般句子里，各个字的字调和连续变调依然存在。例如：

领导老批评我，问题究竟出在哪儿呢？→　　（思考问题）

本年度被评为优秀员工的有：白洁、李丽、张军。→　　（宣读名单）

我儿子期末考试语文得了 80 分，数学得了 76 分。→　　（公布成绩）

4. 语句的曲折调

说话时语调的高低有曲折变化，多在表达特殊感情时出现。如表示嘲讽的语气、愤怒的语气等。例如：

就你漂亮，谁能跟你比！　　（嘲讽）

你太不像话了！　　（愤怒）

（二）掌握普通话词语的轻重格式

我们经常会听到一些来自方言地区和境外的朋友在说普通话的时候，即使能够把每一个字的声韵调都能原原本本、清清楚楚、准确无误地说出来，但仍然感觉不自然，很生硬，不像纯正的普通话。这是什么原因呢？其实，普通话也存在词重音和句重音，只是由于声调在普通话中担负着较重的辨义作用，词重音和句重音有所淡化罢了。因此，掌握词的轻重格式不仅对于我们说好普通话很重要，也是普通话水平较高的表现之一。

1. 什么是普通话词语的轻重格式

在汉语普通话中，一句话中的双音节词或多音节词中的每一个音节都有轻重强弱的不同，造成这种变化的原因，除了音节与音节之间声调的区别外，还因为构成一句话的词或词组的每个音节，在音量上不均衡。我们把普通话中双音节或多音节词的各个音节约定俗成的轻重强弱差别，称之为词的轻重格式。

2. 普通话词语轻重格式的基本形式

大多数双音节、三音节、四音节词语的最后一个音节读为重音。双音节词语占普通话词语总数的绝对优势，绝大多数读为“中·重”的格式；三音节词语大多数读为“中·次轻·重”的格式；四音节词语大多数读为“中·次轻·中·重”的格式。另外，双音节词语还有读为“后轻”的格式。

（1）双音节词语的“中·重”格式。例如：

人生（rén shēng）　日常（rì cháng）　大洋（dà yáng）
自然（zì rán）　活动（huó dòng）　演化（yǎn huà）
文明（wén míng）　词汇（cí huì）　节奏（jié zòu）
林木（lín mù）　假如（jiǎ rú）　进步（jìn bù）

（2）三音节词语的“中·次轻·重”格式。例如：

招待会（zhāo dài huì）　抗生素（kàng shēng sù）
交际舞（jiāo jì wǔ）　白兰地（bái lán dì）
闪电战（shǎn diàn zhàn）　尼古丁（ní gǔ dīng）
东方红（dōng fāng hóng）　面包车（miàn bāo chē）
巧克力（qiǎo kè lì）　国庆节（guó qìng jié）

（3）四音节词语的“中·次轻·中·重”格式。例如：

大大方方（dà da fāng fāng） 社会主义（shè huì zhǔ yì）

奥林匹克（ào lín pǐ kè） 集体经济（jí tǐ jīng jì）

最后通牒（zuì hòu tōng dié） 高高兴兴（gāo gāo xìng xìng）

（4）双音节词语的“后轻”格式。

① 重·最轻格式（重·最轻格式的轻读音节，用汉语拼音注音时，不标声调号）。例如：

东西（dōng xi） 麻烦（má fan）

规矩（guī ju） 客气（kè qi）

② 重·次轻格式（重·次轻格式的轻读音节，一部分标注声调号，另一部分不标注声调号）。例如：

标注

新鲜（xīn xiān） 客人（kè rén）

风水（fēng shuǐ） 匀称（yún chèn）

不标注

分析（fēn xi） 老实（lǎo shi）

制度（zhì du） 臭虫（chòu chong）

掌握轻声词语是学习普通话的基本要求。所谓“港台腔”，主要原因之一就是没有掌握轻声词语的发音。我们把声调掌握好了，就会解决学习普通话中出现的“方言味儿”、“洋味儿”。我们掌握了汉语普通话的轻重格式，特别是轻声词语，就会去掉“港台腔”，使我们的普通话说得规范、准确了。

四、文章朗读创作规律

文章朗读是有声语言艺术表达的一种主要类型，也是普通话学习和考试的主要语言表达形式之一。《全国普通话水平测试大纲》所选的朗读文章中，绝大部分都是散文。散文中所写的人生、自然、事件、景物等，都是从自身感悟出发，是作者对事物特殊意义和美的发现。这种发现，是知觉、感觉、思维的综合思考的结果，体现着作者的所思、所想、所感、所悟。散文的写作方法较其他文体相比更自由，绝少束缚，不拘一格。最显著的特征是抒情，即使是记叙，也带有强烈的感情色彩。散文常把抒情、议论等融为一体，夹叙夹议。散文在抒情时，或气势磅礴，或低吟浅唱；散文在记叙时如诗如画，妙不可言；散文在议论时直抒胸臆，酣畅淋漓。

散文的最大特点是“形散神聚”，我们常把散文的取材叫“形”，把作者的感悟叫“神”。若能很快找到统领全文的“神”，即作者的感悟，那么就会很快并准确地把握文章主旨，从而对文章朗读创作奠定一个良好的基础。要想朗读好文章，并在表达中真正做到形神兼备，在进行朗读之前的案头准备工作较之一遍遍盲目地开口就念效果要好得多。

朗读好散文的最关键一环就是最后通过有声语言去表达了。用有声语言去朗读文章的具体方法，就是我们通过激发和调动情感，用准确的语音和自然、流畅的语调去把文字稿件表现出来。

在《全国普通话水平测试大纲》所选的朗读文章中也有少量的记叙文和小说、戏剧对白的片段。记叙文是记录生活中的人和事，并不从作者自身的感悟出发，因此，在朗读记叙文时，要客观、要从容、要稳健，要少一些感情色彩。至于小说和戏剧对白的片段，则都是经过删减或者截取而来，虽然也能独立成篇，但是绝不能断章取义。在朗读小说和戏剧对白时切忌进行表演，要力求真实、自然，不矫揉造作，不拿腔拿调，语言动作不可太过夸张。

第二章

朗读例文分析

白杨礼赞

（选自普通话水平测试朗读材料）

白杨树实在不是平凡的，我赞美白杨树！

当汽车在望不到边际的高原上奔驰，扑入你的视野的，是黄绿错综的一条大毡子；黄的，是土，未开垦的处女土，几十万年前由伟大的自然力堆积而成的黄土高原的外壳；绿的呢，是人类劳力战胜自然的成果，是麦田，和风吹送，翻起了一轮一轮的绿波——这时你会真心佩服昔人所造的两个字“麦浪”，若不是妙手偶得，便确是经过锤炼的语言的精华。黄与绿主宰着，无边无垠，坦荡如砥，这时如果不是宛若并肩的远山的连峰提醒了你，你会忘记了汽车是在高原上行驶，这时你涌起来的感想也许是“雄壮”，也许是“伟大”，诸如此类的形容词。然而同时你的眼睛也许觉得有点倦怠，你对当前的“雄壮”或“伟大”闭了眼，而另一种味儿在你心头潜滋暗长了——“单调”。可不是，单调，有一点儿吧？

然而刹那间，要是你猛抬眼看见了前面远远地有一排，——不，或者甚至只是三五株，一二株，傲然地耸立，像哨兵似的树木的话，那你的恹恹欲睡的情绪又将如何？我那时是惊奇地叫了一声的！

那就是白杨树，西北极普通的一种树，然而实在是不平凡的一种树！

那是力争上游的一种树，笔直的干，笔直的枝。它的干通常是丈把高，像加过人工似的，一丈以内，绝无旁枝。它所有的桠枝一律向上，而且紧紧靠拢，也像加过人工似的，成为一束，绝不旁逸斜出。它的宽大的叶子也是片片向上，几乎没有斜生的，更不用说倒垂了。它的皮光滑而有银色的晕圈，微微泛出淡青色。这是虽在北方风雪的压迫下却保持着倔强挺立的一种树。哪怕只有碗那样粗细，它却努力向上发展，高到丈许、两丈，参天耸立，不折不挠，对抗着西北风。

这就是白杨树，西北极普通的一种树，然而绝不是平凡的树！

它没有婆娑的姿态，没有屈曲盘旋的虬枝，也许你要说它不美，如果美是专指“婆娑”或“旁逸斜出”之类而言，那么，白杨树算不得树中的好女子；但是它伟岸，正直，朴质，严肃，也不缺乏温和，更不用提它的坚强不屈与挺拔，它是树中的伟丈夫！当你在积雪初融的高原上走过，看见平坦的大地上傲然挺立这么一株或一排白杨树，难道你觉得树只是树？难道你就不想到它的朴质，严肃，坚强不屈，至少也象征了北方的农民？难道你竟一点也不联想到，在敌后的广大土地上，到处有坚强不屈，就像这白杨树一样傲然挺立的守卫他们家乡的哨兵？难道你又不更远一点想到这样枝枝叶叶靠紧团结，力求上进的白杨树，宛然象征了今天在华北平原纵横决荡用血写出新中国历史的那种精神和意志？

白杨不是平凡的树。它在西北极普遍，不被人重视，就跟北方农民相似；它有极强的生命力，磨折不了，压迫不倒，也跟北方的农民相似。我赞美白杨树，就因为它不但象征了北方的农民，尤其象征了今天我们民族解放斗争中所不可缺的朴质，坚强，力求上进的精神。

让那些看不起民众，贱视民众，顽固的倒退的人们去赞美那贵族化的楠木，去鄙视这极常见，极易生长的白杨吧，我要高声赞美白杨树！

一、文章分析

这是一篇托物抒情的散文，写于 1941 年。在此之前，作者茅盾在新疆工作一段时期之后，到延安讲学。当时，正是抗日战争的相持阶段，他亲眼目睹了北方军民在共产党的领导下同心同德、团结抗战的情形，从解放区的人民身上看到了民族解放的前途和希望，深受鼓舞，写下了这篇热情洋溢的散文。

文章一起笔，就直接照应题目，直抒对白杨树的赞美之情（礼赞，意思就是崇敬而赞美）。这样直抒胸臆，造成的效果非常明显，使人感觉起笔峻拔有力，赞美之情破空而来，容易留下深刻的印象。同时，这样写也有点明题意、领起全文的作用。可以说，文章一开头就卓尔不凡。

然而文章的第二段，作者却笔锋一转，抛开白杨树，描绘起了高原景色。高原是怎样的呢？“是黄绿错综的一条大毡子”，黄的是土，绿的是麦田，而且“无边无垠，坦荡如砥”。这些描写成功地勾画了一幅辽阔平坦、色彩鲜艳的高原图景，为全文开拓了一个广阔的背景。所以作者在这里很自然地点出一般人都会有的感受：雄壮或者伟大等诸如此类的形容词。然而文笔一转，用一个设问句引出了另外一种感受：看久了，也许会有单调、厌倦之感。这样写高原景色，真可谓是一波三折。这种欲扬先抑的手法，为下文白杨树的出现做好了铺垫，积蓄了气势。

就在这样的环境之中，白杨树正式出场了。“刹那间……猛抬眼”，看到了前方像哨兵傲然耸立的几株树木，顿时使人的情绪从恹恹欲睡中惊醒过来。读者的视线由高原引向远处的树木，文章也由低潮转向高潮。但作者在这里并没有直接点明白杨树，而把突出点放在“我”情绪的转变上，为下文白杨树的出现做了渲染。问答句的方式提醒了读者的注意力，目的在于引起读者的共鸣。

紧接着，作者用一个简洁的过渡段，点出了白杨树，既是对上文“惊叫”的补叙，也是下文赞美白杨树的前奏。此处二赞白杨树的不平凡，照应开头。

白杨树正式出场了。这一段仅七句，却把白杨树的外形、色彩、性格写得极为形象生动。开头一句用“笔直”点出白杨树是力争上游的一种树，这是总括；接下来的四句，依次描写白杨树的干、枝、叶、皮，分别用“绝无旁枝”、“绝不旁逸斜出”、“微微泛出淡青色”等词语来衬托白杨树的形象美，这是第二层；最后两句概括白杨树的气质和性格，突出它的正直、坚强、倔强和不折不挠。接下来，作者用拟人和对比的手法，进一步给白杨树以高度的评价。两个“没有……”似乎要否定白杨树的美，这是欲扬先抑。“但是……”一转，变抑为扬，否定的是“好女子”，但肯定的却是“伟丈夫”。以此对比，突出了白杨树的与众不同。由赞美树到赞美人，过渡非常自然。在这里，文章连用了四个反问句，像剥春笋一样一层深似一层地揭示白杨树的象征意义，引导读者去思考。第一个“难道”以反问句引导读者思索人和白杨树的联系，引起读者的共鸣，为下文做铺垫。第二个“难道”以反问句肯定白杨树不平凡的本质，肯定白杨树和北方农民之间的联系。第三个“难道”以反问句进一步明确指出白杨树象征着坚强战斗的抗日军民。第四个“难道”以反问句肯定白杨树的精神面貌，而这正是敌后抗日群众的精神和意志。四个反问排比句，由外向内，层层深入，句法同中有异，点破白杨树的象征意义，赞美之情到这里也发展到了顶点。同时，此处也是思想内容的精华所在，展现了一种更为阔大更为深远的境界。

最后两段，在完成对白杨树形象刻画的基础上，展开议论，进一步强调了白杨树的象征意义，又一次说明赞美白杨树的原因，从正面点明了主题。

二、具体语句分析

（1）不是平凡的：用肯定的判断句“是……的”加强语气，全句直抒情怀，明确指出白杨的不平凡是作者赞美的宗旨。

（2）是黄绿……大毡子：用比喻句表现高原上黄土和绿麦的色彩。

（3）黄与绿……行驶：这个长句，开头有三个短句。第一个短句写色彩，第二个短句写宽广，第三个短句写平坦。把看到的自然界的特点，凝练地反映出来，如见其形。接着是个假设关系的复句，把主观的感觉写出来，再由主观上的感觉反衬高原的广阔，句子参差，对比鲜明，显得特别灵活。宽广的黄土高原逼真地显现在眼前。

（4）然而刹那间……叫了一声的：这儿一问一答。这样的设问，使答句语气显得肯定、郑重。一个长句之后一个短句，使短句表达得紧凑有力。答句采用“是……的”句式，完全是为了强调。句子里的“是”借用判断形式表示肯定，加强语气，它并不和后面的“的”组成“的”字结构，而是语气助词，表示肯定语气。“远远地有一排，——不，或者甚至只是三五株，一二株，傲然地耸立”，这种排列，从数量上看，是一种递减，而白杨的形象从群象到个别，却逐步清晰高大。数量上的收缩，又是为了放纵，当我们读到“傲然地耸立”的时候，就有奇峰突起之感。加上恰如其分的比喻，由表及里地显示了白杨的勃勃英姿；再用“恹恹欲睡的情绪”作反衬——所有这些，都突出了使人“惊奇地叫了一声”的原因。

（5）“像哨兵似的”：“猛抬眼”，傲然耸立，像哨兵似的树木突然出现了。这里“像哨兵”用的是比喻的修辞手法。

（6）那就是……然而实在是……：用“极普通”和“不平凡”相对比，用肯定的判断句加转折词把“极普通”与“不平凡”辩证地统一在白杨树身上，加深了对白杨树的赞美之情。对全篇来说起了定下基调、领起全文的作用。

（7）“极普通”：以“极普通”来衬托白杨树的伟大。伟大就寓于平凡之中。这里用了“衬托”的表现手法。

（8）那是力争上游的一种树：对白杨外形的具体描述，突出强调它的“力争上游”和“倔强挺立”，这种拟人化的写法是为了借物咏人，也为下文点明白杨的象征意义打基础。

（9）它的宽大……倒垂了：这句话，先是正面说，正说不够，再反过来说，修辞上属于对比反衬。写上“没有”斜生，从逻辑上讲排除一种不可能性。排除甲，就是加强乙，“没有斜生”到“没有倒垂”，程度加深，排除力量加强，因而反衬力量也就更强，句子表达得更有力量。

（10）这是虽在北方……一种树：这是一个单句，句子的重点在复杂的定语，它生动描绘了白杨树在恶劣环境下坚韧不拔、顽强奋斗的品质。

（11）绝不是平凡的树：作者在第 6 小节中用否定句式：“绝不是平凡的树”情不自禁地进一步强调白杨树的不平凡，比第 4 小节的语气更进了一层。

（12）没有……虬枝：两个“没有……”似乎要否定白杨树的美，这是欲扬先抑。“但是……”一转，变抑为扬，否定的是“好女子”，但肯定的却是“伟丈夫”。

（13）“好女子”、“伟丈夫”：用拟人和对比的手法，进一步给白杨树以高度的评价。以“好女子”和“伟丈夫”对比，突出白杨树与众树不同。作者采用先抑后扬的手法和其他树种对比，指出白杨树不是“树中的好女子”，却是“树中的伟丈夫”。

（14）但是它伟岸，正直……挺拔：作者列举了七个褒义词热情地赞扬了白杨树的品格、气质。“伟岸、正直、朴质、严肃、温和、坚强、挺拔”，实际正是抗日军民的品格和精神的艺术写照。这种把“树”和“人”紧密联系起来，由此及彼，就是借物咏人的写法。这里用了三个程度不同的关联词（“但是”、“也”、“更”）把三个句子变得屈曲波折，好像第一句是强调，中间一句是补充，而最后一句显得特别强调，使句子的气势一低一高，由低显示高；一张一弛，由缓和反衬高昂，用中间突出两头。这样的句子，把白杨的品格，按照主次轻重异常分明地表达了出来。

（15）难道你就……意志：这四个反问排比句连贯有力，赞美之情到这里发展到顶点，这里也是思想内容的精华所在，展现了一种更为阔大更为深远的境界。作者安排四个反问句组成排比句的作用主要是一步步地深入揭示白杨树的象征意义：内容上，从树→农民→哨兵→精神和意志；字数上，由第 1 句 11 个字，到第 4 句 60 个字。配合“只……只……”，“至少”，“竟一点也不”，“不更远一点”等词语，力度逐渐加大！这组排比反问句，结构相似而有变化，内容相近而不断深化，含意隽永，发人深省。至此白杨树的象征意义已清楚明确，即本文歌颂和赞美的真正对象是：“今天在华北平原纵横决荡用血写出新中国历史”的中国共产党和抗日军民。作者所以用反问句而不用陈述句，目的是加强借物咏人的语气，具有很强的说服力和感染力。

（16）白杨不是平凡的树……也跟北方的农民相似：作者用倒装的因果句说明赞美白杨“不平凡”的原因，点明白杨的象征意义，把抒情推向高潮。两个“相似”是排比句。

（17）它不但象征了……尤其象征了……的精神：“不但象征……尤其象征”进一步写白杨树的象征意义，说明赞美白杨树的原因。两个“相似”是排比句，“不但……尤其……”是散句，句式富于变化，与感情的波澜起伏相适应。

（18）去赞美……白杨树：将白杨和楠木对比。对贱视民众、顽固的倒退的人表示愤慨鄙弃之情，深化主题。以昂扬的调子高声赞美白杨树，结束全文，与开头呼应。最后“我要高声赞美白杨树”是用语气高昂的祈使句来“高声赞美”白杨，立场鲜明，感情十分炽烈！

《白杨礼赞》中，白杨就是“形”。作者写白杨的“干”绝无旁枝，“枝”紧紧靠拢，“叶”片片向上，由平视到仰视，突显出白杨树的高大与伟岸。我们在朗读时就应声音朗润、阳刚有力，才能用有声语言表现出一棵棵、一排排坚硬笔直、挺拔向上的白杨树的形象。“神”就是作者对白杨的礼赞，作者在议论和抒情中，直陈白杨的象征意义，使白杨形神毕现，将一个高大挺拔、昂扬向上的白杨形象、白杨精神矗立在了读者面前。因此，我们在朗读时，要将声音和气息结合起来，声音有力但不笨拙，语调铿锵但要流畅，吐字归音准确，还要自然，同时还要把握好语气和节奏，停连与重音。

总之，在朗读这篇散文时，声音要明朗、扎实，节奏平稳，口腔控制较为有力，语速以中速为好，同时，心态要平稳，神态要端正。在文章的后半部分，语速要稳中有快，节奏感较强，语调多上扬，吸气要深，呼气要持久、有力。只有这样，我们才能将作者所想表达的白杨意义和深刻内涵，在抒情性的流畅、激情表达中，表现得准确和鲜明。

第四部分　说话

我们学习普通话的根本目的是能够在说话或自由交谈时用上它，并能够娴熟、自如地灵活运用。在普通话水平测试中对应试者的说话水平进行测试也是重要的一个部分。普通话测试说话部分主要考查应试者在没有文字凭借的情况下，说普通话的能力和所能达到的规范程度。

要想在没有文字凭借的状态下说好普通话所受到的制约因素很多，总的原则是：口语表达不是任何个人随意的语言活动，必须受到说话的性质、目的、任务及具体题目的制约，因而需要具有强烈的目的性、严密的逻辑性、鲜明的倾向性。要锻炼迅速、有条理地组织内部语言的能力，说到底，还是要靠平时对知识、生活的长期积累。

在完成由“想”到“说”，即通过扩展、编码，使内部语言转换成外部语言的过程中，组合语言的能力就显得格外重要，而词汇“仓库”的丰富又是组合语言能力的保证。

口语是经过提炼的更高层次的口头语言，规范化是它必须遵循的原则，艺术化是它必须追求的目标，炼字炼句的传统应该继承，因此，它更需要扎实的语言功力。

在普通话水平测试的过程中，应试者要具备良好的声音状态，娴熟的发音和语言表达技巧，以及及时调节、整理语言的能力。

第一章 无稿说话出口成章

一、把握说话的要点

1. 准确分析，理清思路

普通话水平测试的话题都是限定的，所以当我们拿到话题时，首先要做的就是认真审题和分析，在准确理解的前提下，要快速地理清思路、把握脉搏。从哪儿开说，怎么说，说什么，都能够做到心中有数，有条有理，稳而不慌。

2. 观点鲜明，言简意赅

说话时一定要观点鲜明，言简意赅。从每一个题目中都可能产生出许多不同的观点和见解，但是在有限的时间里面可能只能把一种观点和看法说清楚、道明白，所以在理清思路后选择一个自己最想说、最好说、最有把握的观点进行准备至关重要。由于普通话水平测试时间有限（不能超过四分钟），所以最好“开门见山”，切忌“曲径通幽”。

3. 形象生动，旁征博引

在普通话口语测试时，语言要平实，要言而有物。如果能够结合一两个简短的小事例来说效果更好，最好能够引经据典，用一两个经典的名句或短小的故事来增强自己言语的说服力和可信度。

4. 沉着自信，不要空谈

说话时沉着是必须的，自信是必要的，要确保在有限的时间里所说的话都是有用的话，需要应试者说话时要经过认真考虑，不要空谈，更不要废话。

二、掌握说话的表达技巧

1. 随机应变，边想边说

因为是即兴说话，所以说话的过程应该是随机应变、边想边说。这个说话的过程虽然没有文字稿件作为依据，但是在我们说话的时候实际上在头脑中已经有了一个大致的腹稿，而且这个腹稿需要在说话的过程中不断调整和完善。

2. 口语表达，不犯错误

说话不像写字，错了可以重写。说出去的话想要再收回来是不可能的，这就要求我们在说话时表达要准确清晰，出口成章是说话的最高追求，不犯错误是说话的最起码要求。

3. 形式多样，个性鲜明

语言表达方式是多种多样的，无论是书面语还是口语，这种形式多样都是存在的，因为每个人都有自己的语言表达方式和习惯，人们也希望能够听到形式多样、个性鲜明的语言表达。语言表达方式的多样性，可以体现在整个说话的整体结构、内容逻辑，以及措辞用典、语言特点等方面。

4. 说话要凝练，思维要活跃

在普通话口语测试时，语言一定要凝练，要言简意赅、开门见山。思维要活跃积极，要言之有物，一语中的。同时，说话不仅展示了个人的思维能力、表达能力，也展示了文化知识和个人修养。

第二章 说话的十种常用类型

我们的语言是活的，不是僵硬不变的。我们要把所学的相关语音、词汇和语法知识，语言表达技巧等，与我们在生活、工作、实际交往当中的语言表达相结合，努力探寻和掌握语言在实际运用中带有普遍规律性的一些东西。这样我们既能够把所学到的相关知识作为说好普通话的根本原则，同时，又能够在语言实践中灵活地加以运用。

下面是我们在实际生活和工作中常见的十种语言表达方式。

一、客观叙述地说话

客观叙述地说话，是我们在一切场合说话的最基本的状态，也是我们在语言交流中最常见、最常用的。

客观叙述地说话，要求我们说话时的心态要平和，态度要温和，呼吸要从容；语言节奏要适中，不紧不慢，吐字不松不紧，口腔状态比较放松，声音在自己最自如的中声区；感情色彩不宜太激烈，语调平稳，说话幅度起伏不大。

二、轻松愉快地说话

我们现在都希望快乐地工作、快乐地生活、快乐地交往，轻松愉快地说话，不仅是时代的要求，也是我们工作、生活、交际的需要。

轻松愉快地说话，要求我们在说话时，心态要轻松，心情要愉快，精神要爽快；用声要轻，吐字要巧，节奏稍快，呼吸自如顺畅；发音位置可适当地往前一些，用声以自如声区、中声区为主，语调多为上扬调。

三、礼貌微笑地说话

微笑着说话，既是我们说话的一种方式，也是现代国际化交际的一种标准，更是说者对听者的一种礼貌。许多名人和成功人士都把“微笑、再微笑一点”作为与人交际、交往的语言沟通诀窍。

微笑着说话，要求我们说话时的心态要好，充满自信，对他人充满尊重；我们可以适当地运用“提笑肌”的方式来表现自己的感情色彩，气息要自如顺畅，口腔状态既要轻松，也要积极；吐字要清晰，用声要虚实结合，语调要平稳和上扬相结合。

四、郑重其事地说话

郑重其事地说话，是我们在正式场合常用的一种说话方式。

郑重其事地说话，心态要郑重，神情较为正式、严肃；用声要实，语速要稳，气息要充实、饱满；吐字较紧，音量较大，但注意不要“过”，更不要生硬刻板。

五、稳健大方地说话

稳健大方地说话，是在较为正式场合的说话的一种主要方式。稳健是指在说话时有一种稳重、镇定的感觉；大方是指在说话时从容不迫、落落大方。这种说话方式可表现出一个人的自信感、成熟感。稳健大方的说话方式，容易获得听者的认可和信任。

稳健大方地说话用声以实声为主，声音主要集中在中音区，兼带有一定的胸音色彩。总体来说，声音明朗、扎实；语速不宜太快，以中速为好；节奏平稳，口腔控制较为有力，同时心态要平稳，神态要端正，不可轻浮，更不可大大咧咧；吸气要深，呼气要持久有力。

六、热情激昂地说话

热情激昂地说话，是我们在一些重要的场合进行宣传鼓动的一种重要方式。这种说话方式具有极强的感染力和动员力，让人听后热血沸腾，有一种特别的冲动，能够起到振奋人心的效果。

热情激昂地说话以实声为主，少用或不用虚声，音量较大，用声以中音区为主，但胸腔和头腔共鸣也要适当使用。热情激昂地说话是调动声区最多的一种说话方式。语速稳中有快，节奏感较强，语调多上扬，声调抑扬顿挫，语势跌宕起伏；吸气要深，胸腹联合呼吸法在这里会发挥重要的作用；内心要充满自信和激动，神态要积极奔放。

七、娓娓道来地说话

娓娓道来地说话，是一种较高层次、较高水平的说话方式，这种方式特别使人易于接受。这种方式会使你的话语娓娓动听，彰显人格魅力。

娓娓道来地说话心态是宁静的、神态是祥和的；声音不宜太大，话语要轻柔；气吸得不要太深，呼气时要柔和平稳，不露痕迹；语速是缓慢的，语句之间有充足的停顿时间和空间；口腔控制适中，不强不弱，唇舌使劲力度也不太大；语调平缓，句尾多上扬，没有太多的大起大伏。

八、义正词严地说话

义正词严地说话，是我们在工作和生活中较少使用的一种说话方式。在碰到别人对你造谣中伤、散布流言蜚语时，为了维护自身的权益，争取自身的利益，常常需要这种说话方式。

义正词严地说话吸气要深、饱满，呼气要稳、均匀；声音以中声区为主，但适当的头腔共鸣也是需要的；用声全部用实声，不用虚声；语速总体不快不慢，但根据说话的内容也应有快有慢，快慢结合；口腔控制要有力，唇舌也应有一定的力度；内心要有正义感，神态要有一种邪不压正的感觉；语调多为降调，有时也可上扬，这要视具体说话的内容而定。需要注意的是，要以理服人，不要高声喊叫。

九、遗憾惋惜地说话

遗憾惋惜地说话要求我们用声不要太实，要虚实结合；说话时可伴有一定的气声；吸气要快，呼气要轻、要稳；语气往往稍感沉重；语调常常下行，极少上扬。

遗憾惋惜地说话也要有一个尺度。尺度把握不好，会产生一种假惺惺的感觉。一般的遗憾惋惜有一种叹息感，很深的遗憾惋惜就会痛心疾首。到了痛心疾首的阶段，吸气要深，腹部要挺住，音量较大，有一种肝肠欲断的感觉。

十、沉重悲痛地说话

沉重悲痛地说话在生活当中并不常见，不常见不等于碰不见。当我们碰到这种情况的时候，我们说话的语速要慢，停顿要长，吸气要深，呼气要持久；用声以中低声区为主，声音要稳、要实；语调多下降调。需要注意的是沉重悲痛地说话不要憋着嗓子、压着喉咙去说。悲要有度，要有克制。

第三章
说话时常见的用词不当和语法病句

一、用词不当

★他把节俭下来的钱捐给了灾区。

“节俭”是形容词，不能带趋向动词“下来”。应改为动词“节省”。

★这个厨师可能是不熟悉我们的炊具的用法，也许是由于心情紧张，反正是把菜没有做好。

“把”字短语不能放在否定词前面。应改为：反正是没有把菜做好。

二、搭配不当

（1）主语和谓语搭配不当。

（2）动词和宾语搭配不当。

（3）定语、状语、补语与中心语搭配不当。

（4）主语和宾语意义上不能搭配。

★秋天的西安是美丽的季节。

“西安”是“季节”，主宾搭配不当。

三、成分残缺

（1）主语残缺。有两种情况：

① 由于滥用介词和“介词……方位词”格式，造成主语残缺。

② 暗中更换主语，造成主语残缺。

（2）谓语残缺。有两种情况：

① 一句话说了主语，还没有说完谓语，却又另外起了个头，因此造成谓语中有残缺。

② 由于缺少谓语中心语造成谓语残缺。

（3）宾语残缺。往往由于宾语前的定语太长，使得中心语残缺。

（4）定语、状语缺少或者不完整。

★ 这家单位目前已成为拥有 11 个专业公司、2 个研究所、3 个生产厂，现有固定资产 8500 万元。

谓语“成为”，宾语残缺。应在最后补上宾语“的大型企业”。

四、成分赘余

（1）主语有多余成分。

（2）谓语有多余成分。

（3）宾语有多余成分。

（4）定语多余。

（5）状语多余。

（6）补语多余。

★新华社社论见诸于各大报刊。

“诸”是“之于”的意思。删去“诸”或“于”即可。

五、结构混乱

（1）词序不当。有几种情况：

① 定语和中心语的位置颠倒。

② 把定语错放在状语的位置上。

③ 把状语错放在定语的位置上。

④ 多层定语语序不当。

⑤ 多层状语语序不当。

★太监是我国封建皇宫中特有的产儿，是封建帝王的被阉割过的奴仆。

对太监的介绍应先将其特点说明“是……的奴仆”，再言其“是……的产儿”。否则“特有的产儿”的概述没着落，交代不清。

（2）句式杂糅。有两种情况：

① 两种说法混杂。

② 前后牵连。

★客房内均设有闭路电视、国际国内直拨电话、音响、房间酒吧等应有尽有。

该句把两种句式拼在一起造成杂糅。一种是“客房内均设有……酒吧等”，另一种是“客房内闭路电视……应有尽有”。两种句式应删其一种，从而使句子表达明确。

（3）复句中暗换分句主语，造成混乱。

★老工人的一席话深深触动了小邱的心，久久不能平静下来。

该句第一个分句的主语是“老工人的一席话”，第二个分句的隐含主语是“小邱的心”。由于句子是隐含转换主语，因此造成句式混乱。

（4）层次不清。

★新华社发出酵母丙氨酸转移核糖核酸人工全合成在上海胜利完成的消息后，广大读者非常重视，科学界人士也非常重视，引起了强烈的反应。

新华社发出的这条消息，就重视程度而言，科学界人士重于广大读者，因此，应先说“科学界人士”的反应，再说广大读者的动态，最后一句“引起强烈的反应”属于抽象性语言，应先说，然后再说具体的。

六、表意不明

（1）指代不明。

★王新和李红赛跑，经过一段激烈的竞争，他终于取得了胜利。

“他”是指王新还是李红不明确。

（2）意思混杂，不知所云。

（3）歧义句。

★请你代我买两张北京到西安的往返飞机票。

此句有两种理解：其一，往、返共两张。其二，往，两张；返，两张。

七、不合逻辑

（1）强拉因果。

★由于今天是公园里游园活动的最后一天，因此游人寥寥无几。

此句强拉因果，“游人少”可能不是因为游园的最后一天所致。

（2）自相矛盾。

★他是多少个死难者中幸免的一个。

既然幸免，就没有死，可又说是“死难者”中的一个，犯了前后矛盾的错误。

（3）概念误用。

★图书馆增添了许多文学作品，如《语文知识指南》、《教师语文大全》、《辞海》等。

文学作品与语言教学用书是不同的概念，可改成“图书馆增添了许多教学用书”。

（4）主客倒置。

★那时候，报纸与我接触的机会是很少的。

该句应改为：“我与报纸接触”，“我”为主动，“报纸”为被动。

（5）否定不当。

★全校师生没有一个人不否认，素质教育使整个校园发生了巨大的变化。

该句应去掉“否认”前的“不”字。

（6）前后失衡，缺乏照应。

★有没有人毁树，是树能成活的重要条件。

该句前面是两种条件“有没有”。后面只说了“能成活”这一个结果，两面失衡，应在“能成活”前加“是否”二字。

实战演练

a. 高速公路上，南来北往的汽车滔滔不绝。

b. 造纸是我国古代的四大发明。

c. 今天，市里不少领导来我校莅临指导。

d. 我们辨别是非的能力。

e. 无论做什么事情也要有一个实事求是的态度。

f. 要掌握走私活动的规律，以便稳准狠地识别和打击他们。

g. 我很兴趣地说："这本书真好。"

h. 这是一个多么深刻而有趣的寓言啊！

i. 他参加工作后，坚持上业余夜校，刻苦钻研医务技术，补习文化。

j. 大约半点钟光景，有人陆续交卷了。

k. 他从小在这儿长大，这里的山山水水，对他太熟悉了。

l. 世界上万事万物都永远在那儿发展、运动、变化，语言也是这样。

m. 从 60 岁到 99 岁的老太太被特许坐着车子参加游行。

n. 为了避免交通事故不再发生，有关部门加强了交通规则的宣传教育。

o. 他们本着保证质量、降低成本为原则，使用了新的工艺和新的技术。

p. 干起事来，他比谁都说得动听，可是做得比谁都差。

q. 今天下午，我们班的任务是扫地、拔草、垫道和搞校园卫生。

r. 大家对护林员揭发林业局带头偷运木料的问题，普遍感到非常气愤。

s. 为了支援灾区人民，村里的人宁愿献出大米，也要自己吃玉米面。

t. 他打量着闯王带着谦逊微笑的英明面孔。

u. 经过广泛的讨论，反复的修改，新的奖酬金制度终于付诸于实施了。

v. 在进行总复习时，我们要克服没有计划没有重点。

附录一

普通话水平测试说话范文

普通话水平测试三分钟说话范文

1.《谈谈科技发展与社会生活》

不管人们有没有意识到，科学技术已经深深地影响着我们的日常生活。21世纪以来，科学技术，尤其是计算机网络技术、电子信息技术的飞速发展，使得手机、电脑那些昂贵的奢侈品步入寻常百姓家，成为我们生活的必需品。想象一下，如果没有手机，我们如何随心所欲地与亲人保持联系呢；如果没有网络，我们又如何与远在异国他乡的朋友谈天论地；如果没有高清晰的电视技术，我们又如何享受华丽的好莱坞电影？当然，我们也必须承认，科学技术在一定程度上也改变着我们的生活方式，改变着我们的文化。正是因为科学技术具有如此的重要性，我们的国家领导人也在多种场合提出大力发展科学技术。我国在改革开放以后取得了很大的进步，步入了科技强国之林。但是，我们还应该认识到，我国很多技术都受限于发达国家。所以，我们应该奋起直追，迎头赶上。作为当前社会的一员，我们不仅应该认识到科技的重要性，还应该努力学习科学技术，用科学技术来武装我们的头脑，具有献身科学的勇气和决心。

2.《学习普通话的体验》

普通话是我国的通用语言，是我们日常交流沟通的工具。我认为学好普通话很重要，尤其是在我们教师的行业中则更重要。那么什么是普通话呢？普通话就是以北京语音为标准音，以北方话为基础方言，以典型的现代白话文著作为语法规范的现代民族共同语。要学好普通话，我觉得有这么几条要领：第一，要先学好拼音的发音。第二，多读些拼音报上的文章等，锻炼说普通话的感觉，争取举一反三，触类旁通。第三，不懂就查。字典是我们最好的朋友，若有不懂，要虚心请教，直至完全正确为止。第四，读词典。翻开现代汉语词典，一字一字、一词一词、一句一句、一页一页地朗读，极为有效。第五，坚持用普通话进行日常的对话。另外，还有一个小偏方，就是在嘴里含一颗话梅，坚持一段时间后会有明显的效果。总之，只要努力，就一定能把普通话说好。通过普通话的学习，使我受益匪浅。这才知道，原来北京话并不是标准的普通话，差之分毫，相是深远也！

3.《我的愿望》

我几乎不曾听我父母说过属于他们自己的愿望。愿望，这是小时候的我们，最经常使用的一个词。那时候我们常常说：我希望明天考试拿一百分；或者说，我的愿望是爸爸妈妈明天带我去公园玩儿，再或者就是想拥有一大堆好吃的。……我们经常说，是因为我们的愿望很简单也很单纯，并且我们的愿望经常发生变化。可是长大之后，似乎说得很少了。小的时候最希望听到这样的话：说吧，我可以实现你三个愿望！然后，我就开始掰着手指头一个一个地数开了，衣服、零食、玩具……长大后，当真正有人在你面前要你说出愿望的时候，你却又想不起来自己有什么愿望了。因为我们开始不知道自己能有什么样的愿望，开始认不清自己想要的什么东西，开始只在生日那天吹蜡烛的时候逼着自己数出三个愿望来。有的时候，希望世界和平真的就变成了我内心的真诚愿望了。对，就是和平！和平不是一句空话，说起来容易，真正做起来好难。世界和平，先要各国和平，但有哪个国家做出真正意义上的和平了。和平究竟是什么？难道和平仅仅就代表没有战争吗？如果一个国家贫富差距太大，叫和平吗？受到委屈没处去说叫和平吗？找工作，凭关系叫和平吗？我想：这叫做一种病态的和平。和平是什么，不是鲜花，不是和平鸽，不是话语，是人，是心态。俗话说，面由心生，心态的平和代表了人的宽容，每个人都是宽容的，没有尔虞我诈，没有斤斤计较，没有唯利是图，那么，和平还会远吗？到那时，和平就是一只鸽子，会飞到世界的每一个角落。这就是我的愿望：和平！

4.《我的家乡或熟悉的地方》

我熟悉的地方是我的母校，我的母校也就是我现在工作的地方，运江中心校。记得那天，我的母亲告诉我，明天就是你上学的日子。怀着既激动又神秘的心情，我走进了我的母校，开始在知识的海洋里畅游。在这五年的时间里，我从一个不懂事的孩子，到能掌握许多文化的小学毕业生，我的老师们又费了多少心血在里面啊！人们都知道，小学是基础，不管将来要从事什么职业，一切基础都是小学打下的。当我逐渐走向社会的时候，我发现，母校给我的是如此之多，令我难以忘怀而将终身受用不尽！忘不了，操场上，同学围坐一处，一起玩游戏！忘不了，在课堂上，那一位位辛勤的教师；忘不了，同学们在看似漫无边际的你言我语中，撞击出了思想的火花，滋生出了兄弟姐妹般的情谊！虽然这么多年过去了，但母校的模样记忆犹新。小学所教过我的老师，我还能清楚地记得他们的名字。那几位老师，把全部的心血都投入到我们这些既可爱，又调皮；既聪明，又好学；既懂事，又惹祸；既可气，又好笑的孩子们身上。今天，我在自己的岗位上，取得的成绩，和他们当年的辛勤耕耘是分不开的。我要真诚地说一声：谢谢我的老师！谢谢我的母校！运江中心校是我熟悉的地方，也是我永远不能忘记的地方。

附录二

普通话水平测试朗读文章训练材料

作品1号：《白杨礼赞》

那是力争上游的一种树，笔直的干，笔直的枝。它的干通常是丈把高，像加过人工似的，一丈以内，绝无旁枝。它所有的桠枝一律向上，而且紧紧靠拢，也像加过人工似的，成为一束，绝不旁逸斜出。它的宽大的叶子也是片片向上，几乎没有斜生的，更不用说倒垂了。它的皮光滑而有银色的晕圈，微微泛出淡青色。这是虽在北方风雪的压迫下却保持着倔强挺立的一种树。哪怕只有碗那样粗细，它却努力向上发展，高到丈许、两丈，参天耸立，不折不挠，对抗着西北风。

这就是白杨树，西北极普通的一种树，然而绝不是平凡的树！

它没有婆娑的姿态，没有屈曲盘旋的虬枝，也许你要说它不美，如果美是专指“婆娑”或“旁逸斜出”之类而言，那么，白杨树算不得树中的好女子；但是它伟岸，正直，朴质，严肃，也不缺乏温和，更不用提它的坚强不屈与挺拔，它是树中的伟丈夫！当你在积雪初融的高原上走过，看见平坦的大地上傲然挺立这么一株或一排白杨树，难道你觉得树只是树？难道你就不想到它的朴质，严肃，坚强不屈，至少也象征了北方的农民？难道你竟一点也不联想到，在敌后的广大土地上，到处有坚强不屈，就像这白杨树一样傲然挺立的守卫他们家乡的哨兵？难道你又不更远一点想到这样枝枝叶叶靠紧团结，力求上进的白杨树，宛然象征了今天在华北平原纵横决荡用血写出新中国历史的那种精神和意志？

——节选自茅盾《白杨礼赞》

作品2号：《差别》

两个同龄的年轻人同时受雇于一家店铺，并且拿同样的薪水。

可是一段时间后，叫阿诺德的那个小伙子青云直上，而那个叫布鲁诺的小伙子却仍在原地踏步。布鲁诺很不满意老板的不公正待遇。终于有一天他到老板那儿发牢骚了。老板一边耐心地听着他的抱怨，一边在心里盘算着怎样向他解释清楚他和阿诺德之间的差别。

“布鲁诺先生，”老板开口说话了，“您现在到集市上去一下，看看今天早上有什么卖的。”

布鲁诺从集市上回来向老板汇报说，今早集市上只有一个农民拉了一车土豆在卖。

“有多少？”

布鲁诺赶快戴上帽子又跑到集上，然后回来告诉老板一共四十袋土豆。

“价格是多少？”

布鲁诺又第三次跑到集上问来了价格。

“好吧，”老板对他说，“现在请您坐到这把椅子上一句话也不要说，看看阿诺德怎么说。”

阿诺德很快就从集市上回来了。向老板汇报说到现在为止只有一个农民在卖土豆，一共四十口袋，价格是多少多少；土豆质量很不错，他带回来一个让老板看看。这个农民一个钟头以后还会弄来几箱西红柿，据他看价格非常公道。昨天他们铺子的西红柿卖得很快，库存已经不多了。他想这么便宜的西红柿，老板肯定会要进一些的，所以他不仅带回了一个西红柿做样品，而且把那个农民也带来了，他现在正在外面等回话呢。

此时老板转向了布鲁诺，说："现在您肯定知道为什么阿诺德的薪水比您高了吧？"

——节选自张健鹏、胡足青主编《故事时代》中《差别》

作品3号：《丑石》

我常常遗憾我家门前的那块丑石呢：它黑黝黝地卧在那里，牛似的模样；谁也不知道是什么时候留在这里的，谁也不去理会它。只是麦收时节，门前摊了麦子，奶奶总是要说：这块丑石，多占地面哟，抽空把它搬走吧。

它不像汉白玉那样的细腻，可以凿下刻字雕花，也不像大青石那样的光滑，可以供来浣纱捶布；它静静地卧在那里，院边的槐荫没有庇护它，花儿也不再在它身边生长。荒草便繁衍出来，枝蔓上下，慢慢地，它竟锈上了绿苔、黑斑。我们这些做孩子的，也讨厌起它来，曾合伙要搬走它，但力气又不足；虽时时咒骂它，嫌弃它，也无可奈何，只好任它留在那里去了。

终有一日，村子里来了一个天文学家。他在我家门前路过，突然发现了这块石头，眼光立即就拉直了。他再没有离开，就住了下来；以后又来了好些人，说这是一块陨石，从天上落下来已经有二三百年了，是一件了不起的东西。不久便来了车，小心翼翼地将它运走了。

这使我们都很惊奇！这又怪又丑的石头，原来是天上的呢！它补过天，在天上发过热，闪过光，我们的先祖或许仰望过它，它给了他们光明，向往，憧憬；而它落下来了，在污土里，荒草里，一躺就是几百年了！

我感到自己的可耻，也感到了丑石的伟大；我甚至怨恨它这么多年竟会默默地忍受着这一切？而我又立即深深地感到它那种不屈于误解、寂寞的生存的伟大。

——节选自贾平凹《丑石》

作品 4 号：《达瑞的故事》

在达瑞八岁的时候，有一天他想去看电影。因为没有钱，他想是向爸妈要钱，还是自己挣钱。最后他选择了后者。他自己调制了一种汽水，向过路的行人出售。可那时正是寒冷的冬天，没有人买，只有两个人例外——他的爸爸和妈妈。

他偶然有一个和非常成功的商人谈话的机会。当他对商人讲述了自己的“破产史”后，商人给了他两个重要的建议：一是尝试为别人解决一个难题；二是把精力集中在你知道的、你会的和你拥有的东西上。这两个建议很关键。因为对于一个八岁的孩子而言，他不会做的事情很多。于是他穿过大街小巷，不停地思考：人们会有什么难题，他又如何利用这个机会？

一天，吃早饭时父亲让达瑞去取报纸。美国的送报员总是把报纸从花园篱笆的一个特制的管子里塞进来。假如你想穿着睡衣舒舒服服地吃早饭和看报纸，就必须离开温暖的房间，冒着寒风，到花园去取。虽然路短，但十分麻烦。

当达瑞为父亲取报纸的时候，一个主意诞生了。当天他就按邻居的门铃，对他们说，每个月只需付给他一美元，他就每天早上把报纸塞到他们的房门底下。大多数人都同意了，很快他有了七十多个顾客。一个月后，当他拿到自己赚的钱时，觉得自己简直是飞上了天。

很快他又有了新的机会，他让他的顾客每天把垃圾袋放在门前，然后由他早上运到垃圾桶里，每个月加一美元。之后他还想出了许多孩子赚钱的办法，并把它集结成书，书名为《儿童挣钱的二百五十个主意》。

为此，达瑞十二岁时就成了畅销书作家，十五岁有了自己的谈话节目，十七岁就拥有了几百万美元。

——节选自［德］博多·费舍尔《达瑞的故事》，刘志明译

作品5号：《第一场雪》

这是入冬以来，胶东半岛上第一场雪。

雪纷纷扬扬，下得很大。开始还伴着一阵儿小雨，不久就只见大片大片的雪花，从彤云密布的天空中飘落下来。地面上一会儿就白了。冬天的山村，到了夜里就万籁俱寂，只听得雪花簌簌地不断往下落，树木的枯枝被雪压断了，偶尔咯吱一声响。

大雪整整下了一夜。今天早晨，天放晴了，太阳出来了。推开门一看，嗬！好大的雪啊！山川、河流、树木、房屋，全都罩上了一层厚厚的雪，万里江山，变成了粉妆玉砌的世界。落光了叶子的柳树上，挂满了毛茸茸亮晶晶的银条儿；而那些冬夏常青的松树和柏树上，则挂满了蓬松松沉甸甸的雪球儿。一阵风吹来，树枝轻轻地摇晃，美丽的银条儿和雪球儿簌簌地落下来，玉屑似的雪末儿随风飘扬，映着清晨的阳光，显出一道道五光十色的彩虹。

大街上的积雪足有一尺多深，人踩上去，脚底下发出咯吱咯吱的响声。一群群孩子在雪地里堆雪人，掷雪球，那欢乐的叫喊声，把树枝上的雪都震落下来了。

俗话说，“瑞雪兆丰年”。这个话有充分的科学根据，并不是一句迷信的成语。寒冬大雪，可以冻死一部分越冬的害虫；融化了的水渗进土层深处，又能供应庄稼生长的需要。我相信这一场十分及时的大雪，一定会促进明年春季作物，尤其是小麦的丰收。有经验的老农把雪比做是“麦子的棉被”。冬天

“棉被”盖得越厚，明春麦子就长得越好，所以又有这样一句谚语：“冬天麦盖三层被，来年枕着馒头睡。”

我想，这就是人们为什么把及时的大雪称为“瑞雪”的道理吧。

——节选自峻青《第一场雪》

作品6号:《读书人是幸福的人》

我常想读书人是世间幸福人，因为他除了拥有现实的世界之外，还拥有另一个更为浩瀚也更为丰富的世界。现实的世界是人人都有的，而后一个世界却为读书人所独有。由此我想，那些失去或不能阅读的人是多么的不幸，他们的丧失是不可补偿的。世间有诸多的不平等，财富的不平等，权力的不平等，而阅读能力的拥有或丧失却体现为精神的不平等。

一个人的一生，只能经历自己拥有的那一份欣悦，那一份苦难，也许再加上他亲自闻知的那一些关于自身以外的经历的经验。然而，人们通过阅读，却能进入不同时空的诸多他人的世界。这样，具有阅读能力的人，无形间获得了超越有限生命的无限可能性。阅读不仅使他多识了草木虫鱼之名，而且可以上溯远古下及未来，饱览存在的与非存在的奇风异俗。

更为重要的是，读书加惠于人们的不仅是知识的增广，而且还在于精神的感化与陶冶。人们从读书学做人，从那些往哲先贤以及当代才俊的著述中学得他们的人格。人们从《论语》中学得智慧的思考，从《史记》中学得严肃的历史精神，从《正气歌》中学得人格的刚烈，从马克思学得人世的激情，从鲁迅学得批判精神，从托尔斯泰学得道德的执著。歌德的诗句刻写着睿智的人生，拜伦的诗句呼唤着奋斗的热情。一个读书人，一个有机会拥有超乎个人生命体验的幸运人。

——节选自谢冕《读书人是幸福的人》

作品 7 号：《二十美金的价值》

一天，爸爸下班回到家已经很晚了，他很累也有点儿烦，他发现五岁的儿子靠在门旁正等着他。

“爸，我可以问您一个问题吗？”

“什么问题？”“爸，您一小时可以赚多少钱？”“这与你无关，你为什么问这个问题?”父亲生气地说。

“我只是想知道，请您告诉我，您一小时赚多少钱?”小孩儿哀求道。“假如你一定要知道的话，我一小时赚二十美金。”

“哦，”小孩儿低下了头，接着又说，“爸，可以借我十美金吗?”父亲发怒了：“如果你只是要分工负责去买无意义的玩具的话，给我回到你的房间睡觉去。好好想想为什么你会那么自私。我每天辛苦工作，没时间和你玩儿小孩子的游戏。”

小孩儿默默地回到自己的房间关上门。

父亲坐下来还在生气。后来，他平静下来了。心想他可能对孩子太凶了——或许孩子真的很想买什么东西，再说他平时很少要过钱。

父亲走进孩子的房间：“你睡了吗?”“爸，还没有，我还醒着。”孩子回答。

“我刚才可能对你太凶了，”父亲说。“我不应该发那么大的火儿——这是你要的十美金。”

“谢谢您。”孩子高兴地从枕头下拿出一些被弄皱的钞票，慢慢地数着。

“为什么你已经有钱了还要?”父亲不解地问。

“因为原来不够，但现在凑够了。”孩子回答，“爸，我现在有二十美金了，我可以向您买一个小时的时间吗？明天请早一点儿回家——我想和您一起吃晚餐。”

——节选自唐继柳编译《二十美金的价值》

作品 8 号：《繁星》

我爱月夜，但我也爱星天。从前在家乡七八月的夜晚在庭院里纳凉的时候，我最爱看天上密密麻麻的繁星。望着星天，我就会忘记一切，仿佛回到了母亲的怀里似的。

三年前在南京我住的地方有一道后门，我打开后门，便看见一个静寂的夜。下面是一片菜园，上面是星群密布的蓝天。星光在我们的肉眼里虽然微小，然而它使我们光明无处不在。那时候我正在读一些天文学的书，也认得一些星星，好像它们就是我的朋友，它们常常在和我谈话一样。

如今在海上，和繁星相对，我把它们认得很熟了。我躺在舱面上，仰望天空。深蓝色的天空里悬着无数半明半昧的星。船在动，星也在动，它们是这样低，真是摇摇欲坠呢。渐渐地我的眼睛模糊了，我好像看见无数萤火虫在我的周围飞舞。海上的夜是柔和的，是静寂的，是梦幻的。我望着许多认识的星，我仿佛看见它们在对我眨眼，我仿佛听见它们在小声说话。这时我忘记了一切。在星的怀抱中我微笑着，我沉睡着。我觉得自己是一个小孩子，现在睡在母亲的怀里了。

有一夜，那个在哥伦波上船的英国人指给我看天上的巨人。他用手指着：那四颗明亮的星是头，下面的几颗是身子，这几颗是手，那几颗是腿和脚，还有三颗星算是腰带。经他这一番指点，我果然看清楚了那个天上的巨人。看，那个巨人还在跑呢。

——节选自巴金《繁星》

作品9号：《风筝畅想曲》

假日到河滩上转转，看见许多孩子在放风筝。一根根长长的引线，一头系在天上，一头系在地上，孩子同风筝都在天与地之间悠荡，连心也被悠荡得恍恍惚惚了，好像又回到了童年。

儿时的放风筝，大多是自己的长辈或家人编扎的，几根削得很薄的篾，用细纱线扎成种种鸟兽的造型，糊上雪白的纸片，再用彩笔勾勒出面孔与翅膀的图案。通常扎得最多的是“老雕”“美人儿”“花蝴蝶”等。

我们家前院就有位叔叔，擅扎风筝，远近闻名。他扎的风筝不只体形好看，色彩艳丽，放飞得高远，还在风筝上绷一叶用蒲苇削成的膜片，经风一吹，发出“嗡嗡”的声响，仿佛是风筝的歌唱，在蓝天下播扬，给开阔的天地增添了无尽的韵味，给驰荡的童心带来几分疯狂。

我们那条胡同的左邻右舍的孩子们放的风筝几乎都是叔叔编扎的。他的风筝不卖钱，谁上门去要，就给谁，他乐意自己贴钱买材料。

后来，这位叔叔去了海外，放风筝也渐与孩子们远离了。不过年年叔叔给家乡写信，总不忘提起儿时的放风筝。香港回归之后，他在家信中说到，他这只被故乡放飞到海外的风筝，尽管飘荡游弋，经沐风雨，可那线头儿一直在故乡和亲人手中牵着，如今飘得太累了，也该要回归到家乡和亲人身边来了。

是的。我想，不光是叔叔，我们每个人都是风筝，在妈妈手中牵着，从小放到大，再从家乡放到祖国最需要的地方去啊！

——节选自李恒瑞《风筝畅想曲》

作品 10 号：《父亲的爱》

爸不懂得怎样表达爱，使我们一家人融洽相处的是我妈。他只是每天上班下班，而妈则把我们做过的错事开列清单，然后由他来责骂我们。

有一次我偷了一块糖果，他要我把它送回去，告诉卖糖的说是我偷来的，说我愿意替他拆箱卸货作为赔偿。但妈妈却明白我只是个孩子。

我在运动场打秋千跌断了腿，在前往医院的途中一直抱着我的，是我妈。爸把汽车停在急诊室门口，他们叫他驶开，说那空位是留给紧急车辆停放的。爸听了便叫嚷道：“你以为这是什么车？旅游车？”

在我生日会上，爸总是显得有些不大相称。他只是忙于吹气球，布置餐桌，做杂务。把插着蜡烛的蛋糕推过来让我吹的，是我妈。

我翻阅照相册时，人们总是问：“你爸爸是什么样子的？”天晓得？他老是忙着替别人拍照。妈和我笑容可掬地一起拍的照片，多得不可胜数。

我记得爸有一次教我骑自行车。我叫他别放手，但他却说是应该放手的时候了。我摔倒之后，妈跑过来扶我，爸却挥手要她走开。我当时生气极了，决心要给他点颜色看。于是我马上爬上自行车，而且自己骑给他看。他只是微笑。

我念大学时，所有的家信都是妈写的。他除了寄支票外，还寄过一封短柬给我，说因为我没有在草坪上踢足球了，所以他的草坪长得很美。

每次我打电话回家，他似乎都想跟我说话，但结果总是说：“我叫你妈来接。”

我结婚时，掉眼泪的是我妈。他只是大声擤了一下鼻子，便走出房间。

我从小到大都听他说：“你到哪里去？什么时候回家？汽车有没有汽油？

不，不准去。”爸完全不知道怎样表达爱。除非……

会不会是他已经表达了而我却未能察觉。

——节选自［美］艾尔玛·邦贝克《父亲的爱》

作品 11 号：《国家荣誉感》

一个大问题一直盘踞在我脑袋里：

世界杯怎么会有如此巨大的吸引力？除去足球本身的魅力之外，还有什么超乎其上而更伟大的东西？

近来观看世界杯，忽然从中得到了答案：是由于一种无上崇高的精神情感——国家荣誉感！

地球上的人都会有国家的概念，但未必时时都有国家的感情。往往人到异国，思念家乡，心怀故国，这国家概念就变得有血有肉，爱国之情来得非常具体。而现代社会，科技畅达，信息快捷，事事上网，世界真是太小太小，国家的界限似乎也不那么清晰了。再说足球正在快速世界化，平日里各国球员频繁转会，往来随意，致使越来越多的国家联赛都具有国际的因素。球员们不论国籍，只效力于自己的俱乐部，他们比赛时的激情中完全没有爱国主义的因子。

然而，到了世界杯大赛，天下大变。各国球员都回国效力，穿上与光荣的国旗同样色彩的服装。在每一场比赛前，还高唱国歌以宣誓对自己祖国的挚爱与忠诚。一种血缘情感开始在全身的血管里燃烧起来，而且立刻热血沸腾。

在历史时代，国家间经常发生对抗，好男儿戎装卫国。国家的荣誉往往需要以自己的生命去换取。但在和平时代，唯有这种国家之间大规模对抗性的大赛，才可以唤起那种遥远而神圣的情感，那就是：为祖国而战！

——节选自冯骥才《国家荣誉感》

作品 12 号：《海滨仲夏夜》

夕阳落山不久，西方的天空，还燃烧着一片橘红色的晚霞。大海，也被这霞光染成了红色，而且比天空的景色更要壮观。因为它是活动的，每当一排排波浪涌起的时候，那映照在浪峰上的霞光，又红又亮，简直就像一片片霍霍燃烧着的火焰，闪烁着，消失了。而后面的一排，又闪烁着，滚动着，涌了过来。

天空的霞光渐渐地淡下去了，深红的颜色变成了绯红，绯红又变为浅红。最后，当这一切红光都消失了的时候，那突然显得高而远了的天空，则呈现出一片肃穆的神色。最早出现的启明星，在这蓝色的天幕上闪烁起来了。它是那么大，那么亮，整个广漠的天幕上只有它在那里放射着令人注目的光辉，活像一盏悬挂在高空的明灯。

夜色加浓，苍空中的“明灯”越来越多了。而城市各处的真的灯火也次第亮了起来，尤其是围绕在海港周围山坡上的那一片灯光，从半空倒映在乌蓝的海面上，随着波浪，晃动着，闪烁着，像一串流动着的珍珠，和那一片片密布在苍穹里的星斗互相辉映，煞是好看。

在这幽美的夜色中，我踏着软绵绵的沙滩，沿着海边，慢慢地向前走去。海水，轻轻地抚摸着细软的沙滩，发出温柔的刷刷声。晚来的海风，清新而又凉爽。我的心里，有着说不出的兴奋和愉快。

夜风轻飘飘地吹拂着，空气中飘荡着一种大海和田禾相混合的香味儿，柔软的沙滩上还残留着白天太阳炙晒的余温。那些在各个工作岗位上劳动了一天的人们，三三两两地来到这软绵绵的沙滩上，他们浴着凉爽的海风，望着那缀满了星星的夜空，尽情地说笑，尽情地休憩。

——节选自峻青《海滨仲夏夜》

作品 13 号：《海洋与生命》

生命在海洋里诞生绝不是偶然的，海洋的物理和化学性质，使它成为孕育原始生命的摇篮。

我们知道，水是生物的重要组成部分，许多动物组织的含水量在百分之八十以上，而一些海洋生物的含水量高达百分之九十五。水是新陈代谢的重要媒介，没有它，体内的一系列生理和生物化学反应就无法进行，生命也就停止。因此，在短时期内动物缺水要比缺少食物更加危险。水对今天的生命是如此重要，它对脆弱的原始生命，更是举足轻重了。生命在海洋里诞生，就不会有缺水之忧。

水是一种良好的溶剂。海洋中含有许多生命所必需的无机盐，如氯化钠、氯化钾、碳酸盐、磷酸盐，还有溶解氧，原始生命可以毫不费力地从中吸取它所需要的元素。

水具有很高的热容量，加之海洋浩大，任凭夏季烈日曝晒，冬季寒风扫荡，它的温度变化却比较小。因此，巨大的海洋就像是天然的“温箱”，是孕育原始生命的温床。

阳光虽然为生命所必需，但是阳光中的紫外线却有扼杀原始生命的危险。水能有效地吸收紫外线，因而又为原始生命提供了天然的“屏障”。

这一切都是原始生命得以产生和发展的必要条件。

——节选自童裳亮《海洋与生命》

作品 14 号：《和时间赛跑》

读小学的时候，我的外祖母去世了。外祖母生前最疼爱我，我无法排除自己的忧伤，每天在学校的操场上一圈儿又一圈儿地跑着，跑得累倒在地上，扑在草坪上痛哭。

那哀痛的日子，断断续续地持续了很久，爸爸妈妈也不知道如何安慰我。他们知道与其骗我说外祖母睡着了，还不如对我说实话：外祖母永远不会回来了。

“什么是永远不会回来呢？”我问着。

“所有时间里的事物，都永远不会回来。你的昨天过去，它就永远变成昨天，你不能再回到昨天。爸爸以前也和你一样小，现在也不能回到你这么小的童年了；有一天你会长大，你会像外祖母一样老；有一天你度过了你的时间，就永远不会回来了。”爸爸说。

爸爸等于给我一个谜语，这谜语比课本上的“日历挂在墙壁，一天撕去一页，使我心里着急”和“一寸光阴一寸金，寸金难买寸光阴”还让我感到可怕；也比作文本上的“光阴似箭，日月如梭”更让我觉得有一种说不出的滋味。

时间过得那么飞快，使我的小心眼儿里不只是着急，还有悲伤。有一天我放学回家，看到太阳快落山了，就下决心说：“我要比太阳更快地回家。”我狂奔回去，站在庭院前喘气的时候，看到太阳还露着半边脸，我高兴地跳跃起来，那一天我跑赢了太阳。以后我就时常做那样的游戏，有时和太阳赛跑，有时和西北风比快，有时一个暑假才能做完的作业，我十天就做完了；那时我三年级，常常把哥哥五年级的作业拿来做。每一次比赛胜过时间，我就快乐得不知道怎么形容。

如果将来我有什么要教给我的孩子，我会告诉他：假若你一直和时间比赛，你就可以成功！

——节选自（台湾）林清玄《和时间赛跑》

作品15号：《胡适的白话电报》

三十年代初，胡适在北京大学任教授。讲课时他常常对白话文大加称赞，引起一些只喜欢文言文而不喜欢白话文的学生的不满。

一次，胡适正讲得得意的时候，一位姓魏的学生突然站了起来，生气地问："胡先生，难道说白话文就毫无缺点吗？"胡适微笑着回答说："没有。"那位学生更加激动了："肯定有！白话文废话太多，打电报用字多，花钱多。"胡适的目光顿时变亮了，轻声地解释说："不一定吧！前几天有位朋友给我打来电报，请我去政府部门工作，我决定不去，就回电拒绝了。复电是用白话写的，看来也很省字。请同学们根据我这个意思，用文言文写一个回电，看看究竟是白话文省字，还是文言文省字？"胡教授刚说完，同学们立刻认真地写了起来。

十五分钟过去，胡适让同学举手，报告用字的数目，然后挑了一份用字最少的文言电报稿，电文是这样写的：

"才疏学浅，恐难胜任，不堪从命。"白话文的意思是：学问不深，恐怕很难担任这个工作，不能服从安排。

胡适说，这份写得确实不错，仅用了十二个字。但我的白话电报却只用了五个字：

"干不了，谢谢！"

胡适又解释说："干不了"就有才疏学浅、恐难胜任的意思；"谢谢"既对朋友的介绍表示感谢，又有拒绝的意思。所以，废话多不多，并不看它是文言文还是白话文，只要注意选用字词，白话文是可以比文言文更省字的。

——节选自陈灼主编《实用汉语中级教程》（上）中《胡适的白话电报》

作品 16 号：《火光》

很久以前，在一个漆黑的秋天的夜晚，我泛舟在西伯利亚一条阴森森的河上。船到一个转弯处，只见前面黑黢黢的山峰下面一星火光蓦地一闪。

火光又明又亮，好像就在眼前……

“好啦，谢天谢地！”我高兴地说，“马上就到过夜的地方啦！”

船夫扭头朝身后的火光望了一眼，又不以为然地划起桨来。

“远着呢！”

我不相信他的话，因为火光冲破朦胧的夜色，明明在那儿闪烁。不过船夫是对的，事实上，火光的确还远着呢。

这些黑夜的火光的特点是：驱散黑暗，闪闪发亮，近在眼前，令人神往。乍一看，再划几下就到了……其实却还远着呢！……

我们在漆黑如墨的河上又划了很久。一个个峡谷和悬崖，迎面驶来，又向后移去，仿佛消失在茫茫的远方，而火光却依然停在前头，闪闪发亮，令人神往——依然是这么近，又依然是那么远……

现在，无论是这条被悬崖峭壁的阴影笼罩的漆黑的河流，还是那一星明亮的火光，都经常浮现在我的脑际，在这以前和在这以后，曾有许多火光，似乎近在咫尺，不止使我一人心驰神往。可是生活之河却仍然在那阴森森的两岸之间流着，而火光也依旧非常遥远。因此，必须加劲划桨……

然而，火光啊……毕竟……毕竟就在前头！……

——节选自［俄］柯罗连科《火光》，张铁夫译

作品 17 号：《济南的冬天》

对于一个在北平住惯的人，像我，冬天要是不刮风，便觉得是奇迹；济南的冬天是没有风声的。对于一个刚由伦敦回来的人，像我，冬天要能看得见日光，便觉得是怪事；济南的冬天是响晴的。自然，在热带的地方，日光永远是那么毒，响亮的天气，反有点儿叫人害怕。可是，在北方的冬天，而能有温晴的天气，济南真得算个宝地。

设若单单是有阳光，那也算不了出奇。请闭上眼睛想：一个老城，有山有水，全在天底下晒着阳光，暖和安适地睡着，只等春风来把它们唤醒，这是不是个理想的境界？小山把济南围了个圈儿，只有北边缺着点口儿。这一圈小山在冬天特别可爱，好像是把济南放在一个小摇篮里，它们安静不动地低声地说："你们放心吧，这儿准保暖和。"真的，济南的人们在冬天是面上含笑的。他们一看那些小山，心中便觉得有了着落，有了依靠。他们由天上看到山上，便不知不觉地想起：明天也许就是春天了吧？这样的温暖，今天夜里山草也许就绿起来了吧？就是这点儿幻想不能一时实现，他们也并不着急，因为这样慈善的冬天，干啥还希望别的呢！

最妙的是下点儿小雪呀。看吧，山上的矮松越发的青黑，树尖儿上顶着一髻儿白花，好像日本看护妇。山尖儿全白了，给蓝天镶上一道银边。山坡上，有的地方雪厚点儿，有的地方草色还露着；这样，一道儿白，一道儿暗黄，给山们穿上一件带水纹儿的花衣；看着看着，这件花衣好像被风儿吹动，叫你希望看见一点儿更美的山的肌肤。等到快日落的时候，微黄的阳光斜射在山腰上，那点儿薄雪好像忽然害了羞，微微露出点儿粉色。就是下小雪吧，济南是受不住大雪的，那些小山太秀气。

——节选自老舍《济南的冬天》

作品 18 号：《家乡的桥》

纯朴的家乡村边有一条河，曲曲弯弯，河中架一弯石桥，弓样的小桥横跨两岸。

每天，不管是鸡鸣晓月，日丽中天，还是月华泻地，小桥都印下串串足迹，洒落串串汗珠。那是乡亲为了追求多棱的希望，兑现美好的遐想。弯弯小桥，不时荡过轻吟低唱，不时露出舒心的笑容。

因而，我稚小的心灵，曾将心声献给小桥：你是一弯银色的新月，给人间普照光辉；你是一把闪亮的镰刀，割刈着欢笑的花果；你是一根晃悠悠的扁担，挑起了彩色的明天！哦，小桥走进我的梦中。

我在飘泊他乡的岁月，心中总涌动着故乡的河水，梦中总看到弓样的小桥。当我访南疆探北国，眼帘闯进座座雄伟的长桥时，我的梦变得丰满了，增添了赤橙黄绿青蓝紫。

三十多年过去，我带着满头霜花回到故乡，第一紧要的便是去看望小桥。

啊！小桥呢？它躲起来了？河中一道长虹，浴着朝霞熠熠闪光。哦，雄浑的大桥敞开胸怀，汽车的呼啸、摩托的笛音、自行车的叮铃，合奏着进行交响乐；南来的钢筋、花布，北往的柑橙、家禽，绘出交流欢悦图……

啊！蜕变的桥，传递了家乡进步的消息，透露了家乡富裕的声音。时代的春风，美好的追求，我蓦地记起儿时唱给小桥的歌，哦，明艳艳的太阳照耀了，芳香甜蜜的花果捧来了，五彩斑斓的岁月拉开了！

我心中涌动的河水，激荡起甜美的浪花。我仰望一碧蓝天，心底轻声呼喊：家乡的桥啊，我梦中的桥！

——节选自郑莹《家乡的桥》

作品 19 号：《坚守你的高贵》

三百多年前，建筑设计师莱伊恩受命设计了英国温泽市政府大厅。他运用工程力学的知识，依据自己多年的实践，巧妙地设计了只用一根柱子支撑的大厅天花板。一年以后，市政府权威人士进行工程验收时，却说只用一根柱子支撑天花板太危险，要求莱伊恩再多加几根柱子。

莱伊恩自信只要一根坚固的柱子足以保证大厅安全，他的“固执”惹恼了市政官员，险些被送上法庭。他非常苦恼，坚持自己原先的主张吧，市政官员肯定会另找人修改设计；不坚持吧，又有悖自己为人的准则。矛盾了很长一段时间，莱伊恩终于想出了一条妙计，他在大厅里增加了四根柱子，不过这些柱子并未与天花板接触，只不过是装装样子。

三百多年过去了，这个秘密始终没有被人发现。直到前两年，市政府准备修缮大厅的天花板，才发现莱伊恩当年的“弄虚作假”。消息传出后，世界各国的建筑专家和游客云集，当地政府对此也不加掩饰，在新世纪到来之际，特意将大厅作为一个旅游景点对外开放，旨在引导人们崇尚和相信科学。

作为一名建筑师，莱伊恩并不是最出色的。但作为一个人，他无疑非常伟大，这种伟大表现在他始终恪守着自己的原则，给高贵的心灵一个美丽的住所；哪怕是遭遇到最大的阻力，也要想办法抵达胜利。

——节选自游宇明《坚守你的高贵》

作品20号：《金子》

自从传言有人在萨文河畔散步时无意发现了金子后，这里便常有来自四面八方的淘金者。他们都想成为富翁，于是寻遍了整个河床，还在河床上挖出很多大坑，希望借助它们找到更多的金子。的确，有一些人找到了，但另外一些人因为一无所得而只好扫兴归去。

也有不甘心落空的，便驻扎在这里，继续寻找。彼得·弗雷特就是其中一员。他在河床附近买了一块没人要的土地，一个人默默地工作。他为了找金子，已把所有的钱都押在这块土地上。他埋头苦干了几个月，直到土地全变成了坑坑洼洼，他失望了——他翻遍了整块土地，但连一丁点儿金子都没看见。

六个月后，他连买面包的钱都没有了。于是他准备离开这儿到别处去谋生。

就在他即将离去的前一个晚上，天下起了倾盆大雨，并且一下就是三天三夜。雨终于停了，彼得走出小木屋，发现眼前的土地看上去好像和以前不一样：坑坑洼洼已被大水冲刷平整，松软的土地上长出一层绿茸茸的小草。

“这里没找到金子，”彼得忽有所悟地说，“但这土地很肥沃，我可以用来种花，并且拿到镇上去卖给那些富人，他们一定会买些花装扮他们华丽的客厅。如果真是这样的话，那么我一定会赚许多钱，有朝一日我也会成为富人……”

于是他留了下来。彼得花了不少精力培育花苗，不久田地里长满了美丽娇艳的各色鲜花。

五年以后，彼得终于实现了他的梦想——成了一个富翁。“我是唯一的一个找到真金的人！”他时常不无骄傲地告诉别人，“别人在这儿找不到金子后便远远地离开，而我的‘金子’是在这块土地里，只有诚实的人用勤劳才能采集到。”

——节选自陶猛译《金子》

作品 21 号：《捐诚》

我在加拿大学习期间遇到过两次募捐，那情景至今使我难以忘怀。

一天，我在渥太华的街上被两个男孩子拦住去路。他们十来岁，穿得整整齐齐，每人头上戴着个做工精巧、色彩鲜艳的纸帽，上面写着“为帮助患小儿麻痹的伙伴募捐”。其中的一个，不由分说就坐在小凳上给我擦起皮鞋来，另一个则彬彬有礼地发问：“小姐，您是哪国人？喜欢渥太华吗？”“小姐，在你们国家有没有小孩儿患小儿麻痹？谁给他们医疗费？”一连串的问题，使我这个有生以来头一次在众目睽睽之下让别人擦鞋的异乡人，从近乎狼狈的窘态中解脱出来。我们像朋友一样聊起天儿来……

几个月之后，也是在街上。一些十字路口处或车站坐着几位老人。他们满头银发，身穿各种老式军装，上面布满了大大小小形形色色的徽章、奖章，每人手捧一大束鲜花，有水仙、石竹、玫瑰及叫不出名字的，一色雪白。匆匆过往的行人纷纷止步，把钱投进这些老人身旁的白色木箱内，然后向他们微微鞠躬，从他们手中接过一朵花。我看了一会儿，有人投一两元，有人投几百元，还有人掏出支票填好后投进木箱。那些老军人毫不注意人们捐多少钱，一直不停地向人们低声道谢。同行的朋友告诉我，这是为纪念二次大战中参战的勇士，募捐救济残疾军人和烈士遗孀，每年一次；认捐的人可谓踊跃，而且秩序井然，气氛庄严。有些地方，人们还耐心地排着队。我想，这是因为他们都知道：正是这些老人们的流血牺牲换来了包括他们信仰自由在内的许许多多。

我两次把那微不足道的一点儿钱捧给他们，只想对他们说声“谢谢”。

——节选自青白《捐诚》

作品 22 号：《可爱的小鸟》

没有一片绿叶，没有一缕炊烟，没有一粒泥土，没有一丝花香，只有水的世界，云的海洋。

一阵台风袭过，一只孤单的小鸟无家可归，落到被卷到洋里的木板上，乘流而下，姗姗而来，近了，近了！……

忽然，小鸟张开翅膀，在人们头顶盘旋了几圈儿，“噗啦”一声落到了船上。许是累了？还是发现了“新大陆”？水手撵它，它不走，抓它，它乖乖地落在掌心。可爱的小鸟和善良的水手结成了朋友。

瞧，它多美丽，娇巧的小嘴，啄理着绿色的羽毛，鸭子样的扁脚，呈现出春草的鹅黄。水手们把它带到舱里，给它“搭铺”，让它在船上安家落户，每天，把分到的一塑料筒淡水匀给它喝，把从祖国带来的鲜美的鱼肉分给它吃，天长日久，小鸟和水手的感情日趋笃厚。清晨，当第一束阳光射进舷窗时，它便敞开美丽的歌喉，唱啊唱，嘤嘤有韵，宛如春水淙淙。人类给它以生命，它毫不悭吝地把自己的艺术青春奉献给了哺育它的人。可能都是这样？艺术家们的青春只会献给尊敬他们的人。

小鸟给远航生活蒙上了一层浪漫色调。返航时，人们爱不释手，恋恋不舍地想把它带到异乡。可小鸟憔悴了，给水，不喝！喂肉，不吃！油亮的羽毛失去了光泽。是啊，我们有自己的祖国，小鸟也有它的归宿，人和动物都是一样啊，哪儿也不如故乡好！

慈爱的水手们决定放开它，让它回到大海的摇篮去，回到蓝色的故乡去。

离别前，这个大自然的朋友与水手们留影纪念。它站在许多人的头上，肩上，掌上，胳膊上，与喂养过它的人们，一起融进那蓝色的画面……

——节选自王文杰《可爱的小鸟》

作品 23 号：《课不能停》

纽约的冬天常有大风雪，扑面的雪花不但令人难以睁开眼睛，甚至呼吸都会吸入冰冷的雪花。有时前一天晚上还是一片晴朗，第二天拉开窗帘，却已经积雪盈尺，连门都推不开了。

遇到这样的情况，公司、商店常会停止上班，学校也通过广播，宣布停课。但令人不解的是，惟有公立小学，仍然开放。只见黄色的校车，艰难地在路边接孩子，老师则一大早就口中喷着热气，铲去车子前后的积雪，小心翼翼地开车去学校。

据统计，十年来纽约的公立小学只因为超级暴风雪停过七次课。这是多么令人惊讶的事。犯得着在大人都无须上班的时候让孩子去学校吗？小学的老师也太倒霉了吧？

于是，每逢大雪而小学不停课时，都有家长打电话去骂。妙的是，每个打电话的人，反应全一样——先是怒气冲冲地责问，然后满口道歉，最后笑容满面地挂上电话。原因是，学校告诉家长：

在纽约有许多百万富翁，但也有不少贫困的家庭。后者白天开不起暖气，供不起午餐，孩子的营养全靠学校里免费的中饭，甚至可以多拿些回家当晚餐。学校停课一天，穷孩子就受一天冻，挨一天饿，所以老师们宁愿自己苦一点儿，也不能停课。

或许有家长会说：何不让富裕的孩子在家里，让贫穷的孩子去学校享受暖气和营养午餐呢?

学校的答复是：我们不愿让那些穷苦的孩子感到他们是在接受救济，因为施舍的最高原则是保持受施者的尊严。

——节选自（台湾）刘墉《课不能停》

作品 24 号：《莲花和樱花》

十年，在历史上不过是一瞬间。只要稍加注意，人们就会发现：在这一瞬间里，各种事物都悄悄经历了自己的千变万化。

这次重新访日，我处处感到亲切和熟悉，也在许多方面发觉了日本的变化。就拿奈良的一个角落来说吧，我重游了为之感受很深的唐招提寺，在寺内各处匆匆走了一遍，庭院依旧，但意想不到还看到了一些新的东西。其中之一，就是近几年从中国移植来的“友谊之莲”。

在存放鉴真遗像的那个院子里，几株中国莲昂然挺立，翠绿的宽大荷叶正迎风而舞，显得十分愉快。开花的季节已过，荷花朵朵已变为莲蓬累累。莲子的颜色正在由青转紫，看来已经成熟了。

我禁不住想：“因”已转化为“果”。

中国的莲花开在日本，日本的樱花开在中国，这不是偶然。我希望这样一种盛况延续不衰。可能有人不欣赏花，但决不会有人欣赏落在自己面前的炮弹。

在这些日子里，我看到了不少多年不见的老朋友，又结识了一些新朋友。大家喜欢涉及的话题之一，就是古长安和古奈良。那还用得着问吗，朋友们缅怀过去，正是瞩望未来。瞩目于未来的人们必将获得未来。

我不例外，也希望一个美好的未来。

为了中日人民之间的友谊，我将不浪费今后生命的每一瞬间。

——节选自严文井《莲花和樱花》

作品 25 号：《绿》

梅雨潭闪闪的绿色招引着我们，我们开始追捉她那离合的神光了。揪着草，攀着乱石，小心探身下去，又鞠躬过了一个石穹门，便到了汪汪一碧的潭边了。

瀑布在襟袖之间，但是我的心中已没有瀑布了。我的心随潭水的绿而摇荡。那醉人的绿呀！仿佛一张极大极大的荷叶铺着，满是奇异的绿呀。我想张开两臂抱住她，但这是怎样一个妄想啊。

站在水边，望到那面，居然觉着有些远呢！这平铺着、厚积着的绿，着实可爱。她松松地皱缬着，像少妇拖着的裙幅；她滑滑地明亮着，像涂了“明油”一般，有鸡蛋清那样软，那样嫩；她又不杂些尘滓，宛然一块温润的碧玉，只清清的一色——但你却看不透她！

我曾见过北京什刹海拂地的绿杨，脱不了鹅黄的底子，似乎太淡了。我又曾见过杭州虎跑寺近旁高峻而深密的“绿壁”，丛叠着无穷的碧草与绿叶的，那又似乎太浓了。其余呢，西湖的波太明了，秦淮河的也太暗了。可爱的，我将什么来比拟你呢？我怎么比拟得出呢？大约潭是很深的，故能蕴蓄着这样奇异的绿；仿佛蔚蓝的天融了一块在里面似的，这才这般的鲜润啊。

那醉人的绿呀！我若能裁你以为带，我将赠给那轻盈的舞女，她必能临风飘举了。我若能挹你以为眼，我将赠给那善歌的盲妹，她必明眸善睐了。我舍不得你，我怎舍得你呢？我用手拍着你，抚摩着你，如同一个十二三岁的小姑娘。我又掬你入口，便是吻着她了。我送你一个名字，我从此叫你“女儿绿”，好吗?

第二次到仙岩的时候，我不禁惊诧于梅雨潭的绿了。

——节选自朱自清《绿》

作品 26 号：《落花生》

我们家的后园有半亩空地，母亲说："让它荒着怪可惜的，你们那么爱吃花生，就开辟出来种花生吧。"我们姐弟几个都很高兴，买种，翻地，播种，浇水，没过几个月，居然收获了。

母亲说："今晚我们过一个收获节，请你们父亲也来尝尝我们的新花生，好不好？"我们都说好。母亲把花生做成了好几样食品，还吩咐就在后园的茅亭里过这个节。

晚上天色不太好，可是父亲也来了，实在很难得。

父亲说："你们爱吃花生吗？"

我们争着答应："爱！"

"谁能把花生的好处说出来？"

姐姐说："花生的味美。"

哥哥说："花生可以榨油。"

我说："花生的价钱便宜，谁都可以买来吃，都喜欢吃。这就是它的好处。"

父亲说："花生的好处很多，有一样最可贵：它的果实埋在地里，不像桃子、石榴、苹果那样，把鲜红嫩绿的果实高高地挂在枝头上，使人一见就生爱慕之心。你们看它矮矮地长在地上，等到成熟了，也不能立刻分辨出来它有没有果实，必须挖出来才知道。"

我们都说是，母亲也点点头。

父亲接下去说："所以你们要像花生，它虽然不好看，可是很有用，不是外表好看而没有实用的东西。"

我说："那么，人要做有用的人，不要做只讲体面，而对别人没有好处的人了。"

父亲说："对。这是我对你们的希望。"

我们谈到夜深才散。花生做的食品都吃完了，父亲的话却深深地印在我的心上。

——节选自许地山《落花生》

作品 27 号：《麻雀》

我打猎归来，沿着花园的林荫路走着。狗跑在我前边。

突然，狗放慢脚步，蹑足潜行，好像嗅到了前边有什么野物。

我顺着林荫路望去，看见了一只嘴边还带黄色、头上生着柔毛的小麻雀。风猛烈地吹打着林荫路上的白桦树，麻雀从巢里跌落下来，呆呆地伏在地上，孤立无援地张开两只羽毛还未丰满的小翅膀。

我的狗慢慢向它靠近。忽然，从附近一棵树上飞下一只黑胸脯的老麻雀，像一颗石子似的落到狗的跟前。老麻雀全身倒竖着羽毛，惊恐万状，发出绝望、凄惨的叫声，接着向露出牙齿、大张着的狗嘴扑去。

老麻雀是猛扑下来救护幼雀的。它用身体掩护着自己的幼儿……但它整个小小的身体因恐怖而战栗着，它小小的声音也变得粗暴嘶哑，它在牺牲自己！

在它看来，狗该是多么庞大的怪物啊！然而，它还是不能站在自己高高的、安全的树枝上……一种比它的理智更强烈的力量，使它从那儿扑下身来。

我的狗站住了，向后退了退……看来，它也感到了这种力量。

我赶紧唤住惊慌失措的狗，然后我怀着崇敬的心情走开了。

是啊，请不要见笑。我崇敬那只小小的、英勇的鸟儿，我崇敬它那种爱的冲动和力量。

爱，我想，比死和死的恐惧更强大。只有依靠它，依靠这种爱，生命才能维持下去，发展下去。

——节选自［俄］屠格涅夫《麻雀》，巴金译

作品28号：《迷途笛音》

那年我六岁。离我家仅一箭之遥的小山坡旁，有一个早已被废弃的采石场，双亲从来不准我去那儿，其实那儿风景十分迷人。

一个夏季的下午，我随着一群小伙伴偷偷上那儿去了。就在我们穿越了一条孤寂的小路后，他们却把我一个人留在原地，然后奔向“更危险的地带”了。

等他们走后，我惊慌失措地发现，再也找不到要回家的那条孤寂的小道了。

像只无头的苍蝇，我到处乱钻，衣裤上挂满了芒刺。太阳已经落山，而此时此刻，家里一定开始吃晚餐了，双亲正盼着我回家……想着想着，我不由得背靠着一棵树，伤心地呜呜大哭起来……

突然，不远处传来了声声柳笛。我像找到了救星，急忙循声走去。一条小道边的树桩上坐着一位吹笛人，手里还正削着什么。走近细看，他不就是被大家称为“乡巴佬儿”的卡廷吗?

“你好，小家伙儿，”卡廷说，“看天气多美，你是出来散步的吧? ”

我怯生生地点点头，答道：“我要回家了。”

“请耐心等上几分钟，”卡廷说，“瞧，我正在削一支柳笛，差不多就要做好了，完工后就送给你吧！”

卡廷边削边不时把尚未成形的柳笛放在嘴里试吹一下。没过多久，一支柳笛便递到我手中。我俩在一阵阵清脆悦耳的笛音中，踏上了归途……

当时，我心中只充满感激，而今天，当我自己也成了祖父时，却突然领悟到他用心之良苦！那天当他听到我的哭声时，便判定我一定迷了路，但他并不想在孩子面前扮演“救星”的角色，于是吹响柳笛以便让我能发现他，并跟着他走出困境！就这样，卡廷先生以乡下人的纯朴，保护了一个小男孩儿强烈的自尊。

——节选自唐若水译《迷途笛音》

作品 29 号：《莫高窟》

在浩瀚无垠的沙漠里，有一片美丽的绿洲，绿洲里藏着一颗闪光的珍珠。这颗珍珠就是敦煌莫高窟。它坐落在我国甘肃省敦煌市三危山和鸣沙山的怀抱中。

鸣沙山东麓是平均高度为十七米的崖壁。在一千六百多米长的崖壁上，凿有大小洞窟七百余个，形成了规模宏伟的石窟群。其中四百九十二个洞窟中，共有彩色塑像两千一百余尊，各种壁画共四万五千多平方米。莫高窟是我国古代无数艺术匠师留给人类的珍贵文化遗产。

莫高窟的彩塑，每一尊都是一件精美的艺术品。最大的有九层楼那么高，最小的还不如一个手掌大。这些彩塑个性鲜明，神态各异。有慈眉善目的菩萨，有威风凛凛的天王，还有强壮勇猛的力士……

莫高窟壁画的内容丰富多彩，有的是描绘古代劳动人民打猎、捕鱼、耕田、收割的情景，有的是描绘人们奏乐、舞蹈、演杂技的场面，还有的是描绘大自然的美丽风光。其中最引人注目的是飞天。壁画上的飞天，有的臂挎花篮，采摘鲜花；有的反弹琵琶，轻拨银弦；有的倒悬身子，自天而降；有的彩带飘拂，漫天遨游；有的舒展着双臂，翩翩起舞。看着这些精美动人的壁画，就像走进了灿烂辉煌的艺术殿堂。

莫高窟里还有一个面积不大的洞窟——藏经洞。洞里曾藏有我国古代的各种经卷、文书、帛画、刺绣、铜像等共六万多件。由于清朝政府腐败无能，大量珍贵的文物被外国强盗掠走。仅存的部分经卷，现在陈列于北京故宫等处。

莫高窟是举世闻名的艺术宝库。这里的每一尊彩塑、每一幅壁画、每一件文物，都是中国古代人民智慧的结晶。

——节选自小学《语文》第六册中《莫高窟》

作品 30 号：《牡丹的拒绝》

其实你在很久以前并不喜欢牡丹，因为它总被人作为富贵膜拜。后来你目睹了一次牡丹的落花，你相信所有的人都会为之感动：一阵清风徐来，娇艳鲜嫩的盛期牡丹忽然整朵整朵地坠落，铺撒一地绚丽的花瓣。那花瓣落地时依然鲜艳夺目，如同一只奉上祭坛的大鸟脱落的羽毛，低吟着壮烈的悲歌离去。

牡丹没有花谢花败之时，要么烁于枝头，要么归于泥土，它跨越萎顿和衰老，由青春而死亡，由美丽而消遁。它虽美却不吝惜生命，即使告别也要展示给人最后一次的惊心动魄。

所以在这阴冷的四月里，奇迹不会发生。任凭游人扫兴和诅咒，牡丹依然安之若素。它不苟且、不俯就、不妥协、不媚俗，甘愿自己冷落自己。它遵循自己的花期自己的规律，它有权利为自己选择每年一度的盛大节日。它为什么不拒绝寒冷?

天南海北的看花人，依然络绎不绝地涌入洛阳城。人们不会因牡丹的拒绝而拒绝它的美。如果它再被贬谪十次，也许它就会繁衍出十个洛阳牡丹城。

于是你在无言的遗憾中感悟到，富贵与高贵只是一字之差。同人一样，花儿也是有灵性的，更有品位之高低。品位这东西为气为魂为筋骨为神韵，只可意会。你叹服牡丹卓尔不群之姿，方知品位是多么容易被世人忽略或是漠视的美。

——节选自张抗抗《牡丹的拒绝》

作品31号:《“能吞能吐”的森林》

森林涵养水源，保持水土，防止水旱灾害的作用非常大。据专家测算，一片十万亩面积的森林，相当于一个两百万立方米的水库，这正如农谚所说的:“山上多栽树，等于修水库。雨多它能吞，雨少它能吐。”

说起森林的功劳，那还多得很。它除了为人类提供木材及许多种生产、生活的原料之外，在维护生态环境方面也是功劳卓著。它用另一种“能吞能吐”的特殊功能孕育了人类。因为地球在形成之初，大气中的二氧化碳含量很高，氧气很少，气温也高，生物是难以生存的。大约在四亿年之前，陆地才产生了森林。森林慢慢将大气中的二氧化碳吸收，同时吐出新鲜氧气，调节气温。这才具备了人类生存的条件，地球上才最终有了人类。

森林，是地球生态系统的主体，是大自然的总调度室，是地球的绿色之肺。森林维护地球生态环境的这种“能吞能吐”的特殊功能是其他任何物体都不能取代的。然而，由于地球上的燃烧物增多，二氧化碳的排放量急剧增加，使得地球生态环境急剧恶化，主要表现为全球气候变暖，水分蒸发加快，改变了气流的循环，使气候变化加剧，从而引发热浪、飓风、暴雨、洪涝及干旱。

为了使地球的这个“能吞能吐”的绿色之肺恢复健壮，以改善生态环境，抑制全球变暖，减少水旱等自然灾害，我们应该大力造林、护林，使每一座荒山都绿起来。

——节选自《中考语文课外阅读试题精选》中《“能吞能吐”的森林》

作品 32 号：《朋友和其他》

朋友即将远行。

暮春时节，又邀了几位朋友在家小聚。虽然都是极熟的朋友，却是终年难得一见，偶尔电话里相遇，也无非是几句寻常话。一锅小米稀饭，一碟大头菜，一盘自家酿制的泡菜，一只巷口买回的烤鸭，简简单单，不像请客，倒像家人团聚。

其实，友情也好，爱情也好，久而久之都会转化为亲情。

说也奇怪，和新朋友会谈文学、谈哲学、谈人生道理等等，和老朋友却只话家常，柴米油盐，细细碎碎，种种琐事。很多时候，心灵的契合已经不需要太多的言语来表达。

朋友新烫了个头，不敢回家见母亲，恐怕惊骇了老人家，却欢天喜地来见我们，老朋友颇能以一种趣味性的眼光欣赏这个改变。

年少的时候，我们差不多都在为别人而活，为苦口婆心的父母活，为循循善诱的师长活，为许多观念、许多传统的约束力而活。年岁逐增，渐渐挣脱外在的限制与束缚，开始懂得为自己活，照自己的方式做一些自己喜欢的事，不在乎别人的批评意见，不在乎别人的诋毁流言，只在乎那一份随心所欲的舒坦自然。偶尔，也能够纵容自己放浪一下，并且有一种恶作剧的窃喜。

就让生命顺其自然，水到渠成吧，犹如窗前的乌桕，自生自落之间，自有一份圆融丰满的喜悦。春雨轻轻落着，没有诗，没有酒，有的只是一份相知相属的自在自得。

夜色在笑语中渐渐沉落，朋友起身告辞，没有挽留，没有送别，甚至也没有问归期。

已经过了大喜大悲的岁月，已经过了伤感流泪的年华，知道了聚散原来是这样的自然和顺理成章，懂得这点，便懂得珍惜每一次相聚的温馨，离别便也欢喜。

——节选自（台湾）杏林子《朋友和其他》

作品 33 号：《散步》

我们在田野散步：我，我的母亲，我的妻子和儿子。

母亲本不愿出来的。她老了，身体不好，走远一点儿就觉得很累。我说，正因为如此，才应该多走走。母亲信服地点点头，便去拿外套。她现在很听我的话，就像我小时候很听她的话一样。

这南方初春的田野，大块小块的新绿随意地铺着，有的浓，有的淡，树上的嫩芽也密了，田里的冬水也咕咕地起着水泡。这一切都使人们想着一样东西——生命。

我和母亲走在前面，我的妻子和儿子走在后面。小家伙突然叫起来："前面是妈妈和儿子，后面也是妈妈和儿子。"我们都笑了。

后来发生了分歧，母亲要走大路，大路平顺；我的儿子要走小路，小路有意思。不过，一切都取决于我。我的母亲老了，她早已习惯听从她强壮的儿子；我的儿子还小，他还习惯听从他高大的父亲；妻子呢，在外面，她总是听我的。一霎时我感到了责任的重大。我想找一个两全的办法，找不出；我想拆散一家人，分成两路，各得其所，终不愿意。我决定委屈儿子，因为我伴同他的时日还长。我说："走大路。"

但是母亲摸摸孙儿的小脑瓜，变了主意："还是走小路吧。"她的眼随小路望去：那里有金色的菜花，两行整齐的桑树，尽头一口水波粼粼的鱼塘。"我走不过去的地方，你就背着我。"母亲对我说。

这样，我们在阳光下，向着那菜花、桑树和鱼塘走去。到了一处，我蹲下来，背起了母亲；妻子也蹲下来，背起了儿子。我和妻子都是慢慢地，稳稳地，走得很仔细，好像我背上的同她背上的加起来，就是整个世界。

——节选自莫怀戚《散步》

图书在版编目（CIP）数据

普通话水平测试攻略 / 王浩瑜编著. —北京：中国国际广播出版社，2016.9

ISBN 978-7-5078-3895-4

Ⅰ.①普… Ⅱ.①王… Ⅲ.①普通话－水平考试－教材 Ⅳ.①H102

中国版本图书馆CIP数据核字（2016）第162124号

普通话水平测试攻略

编　　著	王浩瑜
责任编辑	杜春梅
版式设计	国广设计室
责任校对	徐秀英
出版发行	中国国际广播出版社［010-83139469　010-83139489（传真）］
社　　址	北京市西城区天宁寺前街2号北院A座一层 邮编：100055
网　　址	www.chirp.com.cn
经　　销	新华书店
印　　刷	北京艺堂印刷有限公司
开　　本	710×1000　1/16
字　　数	200千字
印　　张	19.5
版　　次	2016年9月　北京第一版
印　　次	2016年9月　第一次印刷
定　　价	36.00元

CRI 中国国际广播出版社　欢迎关注本社新浪官方微博　官方网站 www.chirp.cn